불편한 질문이 모두를 살린다 : 다큐

불편한
질문이
모두를
살린다 : 디-존

마샤 레이놀즈 지음 | 유정식 옮김

THE
DISCOMFORT
ZONE

이콘

차례

D-존에 대하여

D-존Discomfort Zone은 사람들이 배움에 가장 열려 있을 때
존재하는 불확실한 순간이다.

내가 전에 다니던 회사에서 사직하던 날, 부사장 한 명이 내 사무실로
들어와 이렇게 말했다. "자네는 그만둘 수 없네. 난 이제 누구와 이야기
를 해야 한단 말인가?" 5년 전 우리가 처음 만났을 때 그는 품질관리
부장이었고 나는 기업의 변화를 직원들이 긍정적으로 수용하게 만드는
직무에 채용된, 거칠 것 하나 없는 직원이었다. 서로를 이방인이라 여
길 정도로 배경이 달랐지만 우리는 기업문화의 변화를 촉진하는 프로
그램을 함께 개발했고, 덕분에 회사는 1993년에 성공적인 IPO(Initial
Public Offering, 기업 공개)를 이루었다.

　　우리는 수많은 대화를 나눴다. 나는 동기부여에 관한 그의 신념에
도전했고, 리더십을 바라보는 그의 관점에 대해 집중적으로 캐물었다.

또한 그가 내 말을 참지 못하는 상황에서는 그가 느끼는 감정의 근원이 무엇인지 파헤쳤고, 자신의 고집을 버려야만 회사를 위한 아이디어를 실행할 수 있을 것이라고 그에게 일깨워주었다. 비록 나를 마음에 들어하지 않을 때도 간혹 있었지만 그는 언제나, 내가 틀렸을 때조차도 나를 신뢰했다. 나 역시 비즈니스에 관해 많이 배웠고, 리더와 조직을 변화시키려면 무엇이 필요한지도 알게 됐다. 놀랍게도 우리 둘은 '불편한Discomfort Zone 대화'에서 편안함을 느꼈다('불편한 대화'는 이 책의 주제인 D-존에서의 대화를 말하며, 이하 'D-존 대화'로 통일한다. -옮긴이).

우리가 정기적으로 대화를 나눌 수 없다며 아쉬워하는 그 사람 덕분에 나는 코치로서 공식적인 훈련을 받기로 결심했다. 또한 조직심리학을 공부하기 시작하면서부터는 직원들과 까다로운 대화를 나눠야 하는 리더들의 관점을 전환시키는 데 필요한 코칭법을 체계화하고 개선할 수 있었다. 말 한 마디 할 수 없을 정도로 슬럼프에 빠지거나 관점을 새롭게 재구성하고 이해할 시간이 절대적으로 필요할 때면 권위자들을 찾아가 지도를 받기도 했다. 나는 세계 여러 나라의 리더들에게 대화에서 '돌파의 순간'을 유도하는 스킬을 가르쳤고 그들을 멘토링했는데, 사람들로 하여금 자신의 맹점이나 애착, 저항의 원인이 무엇인지 능숙하게 일깨워주는 리더야말로 훌륭한 리더일 뿐 아니라 가장 기억에 남고 존경받는 리더라는 점을 깨달았다.

『리더란 무엇인가Synchronicity』라는 책에서 조셉 자보르스키Joseph Jaworski는 '가장 성공적인 리더란 사람들이 새로운 현실을 창조하도록 돕는 자'라고 말한 바 있다.* 이런 리더는 대화를 통해 상대의 편견과 선입견이 무엇인지 일깨워주고, 진실을 깨닫기 위한 관점은 그런 것들이 드러날 때 변화하고 명확해진다.

긍정적인 변화가 일어나고 그것이 오래 지속되려면 진실에 대한 관점의 변화가 필요한데, 이를 위해서는 대화 진행 중에 긴장이 고조되고 혼란스러워지는 지점, 즉 'D-존'을 형성하는 것에 익숙해야 한다. 그래야 새로운 아이디어가 도출될 수 있기 때문이다. D-존을 활용할 줄 아는 리더는 문제 자체보다 잠재력을 강조한다.

D-존이란 무엇인가?

자아를 정의하고 주위의 변화를 이해하기 위해 우리의 뇌는 무의식적으로 우리가 완강하게 보호하는 생각과 규칙을 발전시키려 한다. 신경과학자 마이클 가자니가 Michael Gazzaniga 는 우리가 '자동적 사고 프로세스'에 빠져 있음에도 의지에 따라 의식적으로 행동하고 있는 것으로 착각한다고 말한다.[**] 그는 "우리의 의식적 지각은 무의식적 사고 프로세스에 비하면 빙산의 일각에 지나지 않는다."라고 말했다.[***] 누군가 당신에게 "왜 그렇게 했습니까?"라고 물으면 당신은 말이 되든 안 되든 즉석에서

---

[*] Joseph Jaworski. *Synchronicity: The Inner Path of Leadership*. Berrett-Koehler, 1996. The description of how Jaworski defines true leadership is on page 2 of the introduction, written by Peter Senge.
[**] Michael Gazzaniga. *Who's in Charge: Free Will and the Science of the Brain*. Ecco, 2011, page 43.
[***] 같은 책, page 67.

상황을 설명하려 든다. 이렇게 재빠른 합리화는 선천적인 것이지만 동시에 인간을 편협하게 만드는 이유이기도 하다.

'다르게 생각'하도록 타인을 도우려면 당신은 그 사람이 이러한 자동적 사고 프로세스에 빠지지 못하게 해야 한다.* 이를 위해서는 편견을 형성하는 신념에 도전하고, 상대의 내면에 존재하는 공포와 요구, 갈망을 겉으로 드러내는 것이 가장 좋은 방법이다. 상대의 신념과 행동을 탐구, 실험하고 변화시키기에 앞서 그들의 현실감각을 둘러싸고 있는 두꺼운 껍질에 있는 조그만 균열을 찾아내야 하는 것이다.

상대로 하여금 자신이 실제로 어떻게 행동하는지, 또 자신이 무슨 말을 하고 있는지 생각하게끔 자극하라. 만약 당신이 그 사람에게 있는 견고하고 두꺼운 정신적 껍질을 정면돌파한다면 그는 당신을 잠시 응시하며 자신의 생각을 변호할 방법을 찾기 위해 머리를 굴릴 것이다. 그 후에는 아드레날린이 폭발하며 감정적 반응을 야기할 수 있다. 통찰의 순간이 찾아오기 전까진 조소일 수도 있고 격한 분노일 수도 있는 감정적 반응이 일어나는데, 만약 그 순간에 당신이 그가 새로운 통찰을 수용하도록 돕는다면 상대는 마음을 바꿀 것이다. 반대로 이런 과정을 이끌어내지 못한다면 상대의 완고한 자아는 자신의 과거 행동을 정당화하기 위해 퇴보할지도 모른다. **

D-존은 사람들이 배움에 가장 열려 있을 때 존재하는 불확실한 순

---

* Srinivasan S. Pillay. *Your Brain and Business: The Neuroscience of Great Leaders*. FT Press, 2011, pages 132~137.
** Daniel Kahneman, *Thinking, Fast and Slow*. Farrar, Straus & Giroux, 2011, pages 24, 33, 51, 89, and 174.

간이다. 이 순간에 발생하는 감정 반응은 새로운 관점을 발전시키고, 문제에 대한 색다른 해결책을 발견하게 만들며, 하나의 성인으로 성장하게끔 한다. 『미니멀리즘: 의미 있는 삶을 살아라Minimalism: Live a Meaningful Life』의 저자인 조슈아 필즈 밀번Joshua Fields Millburn과 라이언 니커디머스Ryan Nicodemus는 이 순간이 일시적으로 벌거벗은 느낌과 같다고 말한다. "당신이 가장 취약한 때는 벌거벗었을 때이기 때문이다. 그리고 근본적이고 극적인 성장은 당신이 취약할 때 이루어진다."*

감정이 관련될 수밖에 없기 때문에 대화에 참여하는 두 사람은 모두 불편함을 느끼게 된다. 그러나 리더나 코치들은 이러한 불편함을 대수롭지 않게 여겨야 하며 훈련을 통해 극복해야 한다. 생각과 행동에 진정한 변화가 일어나게 하려면 불편하더라도 상대의 신념과 정형화된 패턴에 도전해야 하고 상대의 논리가 잘못됐음을 매우 간명하게 지적해야 한다. 이것이 바로 'D-존 대화'다.

D-존 대화를 하다 보면 다양한 반응들이 나오곤 한다. 어떤 사람들은 "아 네, 당신이 무슨 말씀을 하시는지 알겠습니다."라고 말하면서 그다지 격하게 반응하지 않는다. 이와 달리 어떤 사람들은 매우 당황해서 무슨 의미인지 생각할 시간을 달라고 말하기도 하는데, 자신의 과거 행동이 파괴적이었고 지금껏 그 악영향을 인식하지 못해왔을 경우에는 특히나 그런 경향을 보이는데, 때로는 자신을 비웃는가 하면 진실을 받아들이기 어려워서 화를 내기도 한다.

---

* Joshua Fields Millburn and Ryan Nicodemus, *The Discomfort Zone*. The Minimalists blog at www.theminimalists.com/zone/.

당신 자신의 경험을 떠올려보라. 문제에 대한 갑작스럽고 새롭고 놀라운 해결책은 아마도 책상머리에서 나오지 않았을 것이고, 미래에 대한 진실도 어둠 속에 앉아 과거의 대화를 곰곰이 떠올렸다고 해서 나타나진 않았을 것이다. 개인생활과 직업생활상의 근본적인 변화 역시 아마 길을 걷다가 뇌리를 스치는 섬광 같은 통찰 덕분에 발생하진 않았을 것이며 갑작스러운 해결책, 놀라운 진실, 그리고 변화 외에 다른 선택은 없다는 근본적인 깨달음은 아마 누군가 던진 충격적인 질문과 그로 인해 시작된 심오한 성찰의 결과물이었을 것이다.

우리가 자기 자신을 간지럽힐 수는 없는 것과 같은 이유로, 우리는 스스로 자신의 생각을 깊이 탐구할 수 없다. 당신의 뇌는 당신을 옥죄고 둔감하게 만들 것이다. 당신이 신뢰하는 사람이 합리화하려는 당신에게 이의를 제기하고 당신의 편견과 선입견을 무너뜨리는 강력한 질문을 던진다면, 당신의 뇌는 장기기억 속의 데이터를 재정리하도록 요구받게 된다. 잠시 당신은 당황한다. 분노나 슬픔을 느낄 수도 있지만, 놀라움이 가라앉은 후에는 이제야 깨달았다는 사실에 스스로를 비웃을 수도 있다. 구조를 뒤바꾸는 일이 모두 그러하듯 이때도 감정적인 격변이 일어나기 마련이다.

이 책은 처음에 어떻게 기초를 설정해야 하는지 일러줄 것이다. 상대로 하여금 당신이 그를 조종한다고 느끼지 않게 하려면 둘 사이에 신뢰와 '안전감'이 형성되어야 한다. 그다음에는 지각, 자아상, 행동의 변화를 유발하는 뇌의 활동을 촉발하도록 긍정적 대립, 솔직한 피드백, 틀을 깨뜨리는 질문을 어떻게 사용해야 하는지 알아야 한다. 당신의 도움으로 마인드의 변화를 이끌어낸 사람이 있다면 그것은 단순히 좋은 결과를 얻는 것 이상의 보상이 될 것이다.

D-존 대화를 위한 최고의 시간

똑똑하고 업무에 헌신적이지만 어떤 상황에 대해 불평이 많고 해결책이 없다고 포기하면서 변화에 완강히 저항하는 여성과 대화를 나누는 자신의 모습을 상상해보라. 아마 당신은 그녀가 왜 자신에게 최선인 것을 깨닫지 못하는지 그 이유가 궁금할 것이다. 당신은 그녀가 문제에만 골몰하지 않고 뭔가 새로운 것을 시도하길 원하고, 그녀가 그다음 단계로 나아가길 기대하는 마음으로 피드백을 해준다. 하지만 그녀는 당신의 의견을 무시하고, 당신이 해결책을 제안해도 아무 소득 없이 대화는 원점으로 돌아온다. 이때가 바로 D-존 대화를 위한 완벽한 시간이다.

우수인재를 유지하는 데도 D-존 대화 스킬을 이용할 수 있다. 불황일 때는 직원들이 불만을 가져도 감출 수가 있다. 하지만 경기가 조금만 좋아지면 직원들은 다른 회사를 알아보기 시작하는데, 특히 고高성취자들이 그렇다. 그들은 다음 기회를 찾는 데 자신의 관심과 시간의 상당 부분을 쏟는다.

경기가 좋을 때의 '직원 몰입도Employee Engagement'는 핵심인재를 유지하고 생산과 혁신에 대한 고객의 요구를 만족시키는 데 매우 중요하다. 나는 회사의 최고 엔지니어들이 다른 회사에 좋은 조건으로 이직하는 것을 보며 잘나가는 헤드헌터들이 1990년대에 얼마나 번창했는지를 현장에서 직접 경험했다. 운 좋게도 그 이직자들 중 상당수는 서로 배려하고 영감을 주기 위해 애쓰는 문화를 잊지 못해서 우리 회사로 되돌아왔다.

핵심인재를 유지하기 위한 좋은 방법은 그들의 말에 귀기울이고, 일을 잘해낼 수 있다고 그들에게 무한한 신뢰를 보내며, 사고와 스킬을 발전시키는 기회를 제공하는 것이다. 「하버드 비즈니스 리뷰Harvard Business Review」에서 실시한 설문에 의하면, 젊은 고성취자들은 역할을 명확히 부여하고 책임과 권한을 높여준다 하더라도 멘토링과 코칭이 충분하지 않다는 데 불만을 가지고 있다.* 경영자의 생각과 직원의 바람 사이에 격차가 존재한다는 것은 리더들이 직원들의 말에 귀를 기울이지 않는다는 증거다.

당연한 말이지만, 리더는 핵심인재들과 좀더 많은 시간을 보내면서 그들이 문제를 통해 사고하고, 상황을 좀더 전략적으로 바라보며, 한계를 넘어 성장하도록 도와야 한다. 이 책은 그러기 위해 당신이 필요로 하는 스킬들을 알려줄 것이다.

---

* Monika Hamori, Jie Cao, and Burak Koyuncu. "Why Top Young Managers Are in a Nonstop Job Hunt." *Harvard Business Review*, July 1, 2012. Retrieved from http://hbr. org/2012/07/why-top-young-managers-are-in-a-nonstop-job-hunt/.

이 책으로 얻을 수 있는 것들

이 책에서 '리더'라는 단어는 한 사람이나 집단의 인식을 확장시키는 것을 목적으로 대화에 참여하는 사람을 지칭한다. 아마 이 책을 읽는 당신은 기업의 리더, 변화 촉진자, 동료, 사내 코치, 외부 코치, 혹은 컨설턴트일지 모른다.

또한 '사람'이라는 단어는 특정 인간관계를 지칭하지 않는, 당신과 이야기하는 상대를 나타내는 단어로 쓰일 것이다. D-존 대화에 참여할 때는 지위를 염두에 두지 말아야 한다. 당신은 당신과 대화하는 상대를 후배나 직속부하나 학생으로 여겨서는 안 되고, 그 사람은 당신을 자신과 동등한 파트너라고 느껴야 한다. 어떤 사람이든 당신이 존중한다는 사실을 느끼도록 만드는 방법은 2장에서 다룰 것이다.

1장에서는 D-존 대화가 다른 대화법이나 코칭 기법들과 어떻게 다른지, 이런 대화가 언제 가장 유용한지 살펴볼 예정이다. 범위를 명확히 해야 의도된 효과를 얻을 수 있는 법이다. D-존 대화 역시 모든 딜레마를 해결하기 위한 만병통치약은 아니므로, 성공적인 결과물을 내려면 어떤 조건이 필요한지 1장에서 살펴볼 것이다.

대화를 시작할 때 신뢰를 형성하고 긍정적인 긴장을 조성하려면 몇 가지 단계를 거쳐야 한다. 그래야 불편함을 유발시키는 것이 단·장기적으로 건설적인 결과를 낳을 수 있다. 2장은 D-존 대화를 효과적으로 적용하려면 그 전에 어떻게 '안전지대'를 형성해야 하는지 안내할 것이다.

3장과 4장에서는 성찰적이고 유용한 내용을 담은 문장을 활용하는 방법, 벽을 허물고 인식의 지평을 넓히기 위해 강력한 질문을 던지는 방법을 설명하면서 솔직한 피드백을 주는 몇 가지 사례를 제시한다. 스킬을 발전시키려면 타인뿐 아니라 자신의 내면에서 동작하는 사고 프로세스 및 자기방어 프로세스를 들여다볼 필요가 있다. 상대와 대화를 나누면서 두뇌, 심장, 소화관 등 세 가지 종류의 신경 네트워크 센터에 어떻게 귀기울여야 하는지를 배워보자.

5장과 6장은 여러 사례에서 사용된 접근방식들을 종합함으로써 지금까지 읽었던 내용을 보다 수월히 구현하게 할 것이다. 5장은 변화를, 그리고 생산적인 방법으로 상황을 다루는 것을 막는 견고한 방어 체계를 어떻게 깨뜨릴 수 있는지 살펴보고, 6장에서는 사람들이 자신의 강점과 열정을 쏟아붓는 보다 강력한 방법을 깨닫지 못하도록 리더들이 오히려 장애물이 된 사례를 알아본다.

7장은 앞에서 배운 스킬의 실제 활용법에 도움을 주는 내용으로 구성되어 있다. D-존 대화의 편안하고 능숙한 진행을 도울 자료와 연습 과제는 물론 각자의 사례를 공유하고, 함께 모여 연습하고, 이 책에서 제공하는 통찰을 발전시킬 수 있는 공동체를 찾고 구축하는 방법도 이 장에서 발견할 수 있을 것이다.

능력 있는 리더는 다른 사람들이 스스로를 위해 더욱 폭넓게 생각하도록 돕는다. 리더가 타인의 '신경세포'를 자극할수록 혁신의 기회, 예상치 못한 성취, 지속적인 성장을 향한 욕구는 더욱 커진다. 실용적인 측면에서 볼 때 D-존 대화는 직원들의 몰입과 성과에 긍정적인 영향을 끼치고, 인간적인 측면에서 보면 당신은 D-존 대화의 결과에 뿌듯함을 느끼면서 이 대화법의 힘에 감사할 것이다. 이 책은 당신뿐만 아니라 함께 일하는 사람들에게 억제할 수 없는 호기심 위에 형성된 '멋진 신세계'를 경험케 할 것이다. 이를 위해 어떻게 해야 이 '도발적인' 대화를 이끌 수 있는지 그 방법을 지금부터 알아보자.

DISCOMFORT ZONE

1.

D-존
대화는
언제
필요한가?

"리더십의 목적은 더 많은 추종자를 만드는 것이 아니라
리더를 양성하는 것이다."
_랠프 네이더Ralph Nader, 『Crashing the Party』

어느 날 나는 상사에게 동료 직원들에 관한 불만을 한창 쏟아내고 있었다. 그런데 경청하나 싶던 그가 갑자기 내 말을 끊더니 나를 뚫어질 듯 바라보며 이렇게 말했다. "자네가 일을 열심히 하는 건 나도 알아. 회사를 위해 최고를 지향한다는 것도 잘 알지. 헌데, 자네 눈엔 직원들이 죄다 불만스러운가보군? 대체 자네 마음에 드는 사람은 누구인가?"

　나는 온몸이 마비된 듯 그대로 얼어버렸다. 한숨을 내쉬던 나는 잔뜩 긴장했던 다리와 어깨에 힘이 빠지며 의자에서 맥없이 미끄러지고 말았다. 당황스러웠지만 한편으로는 놀랍기도 했다. 데이트를 망치고 돌아와 불평을 쏟아내는 내게 내 코치가 했던 말과 상사가 던진 질문이 유사했으니 말이다. 아뿔싸, 직장에서도 '방어벽'을 치려 하다니! 나는

"그렇네요, 당신이 옳아요."라고 말할 수밖에 없었다. 나는 동료들과 예전과 동일한 관계를 유지해서는 안 되겠다는 점을 그 순간 깨달았다.

상사의 따끔한 말은 동료들과의 협업을 어렵게 만들었던 나의 행동 패턴이 무엇인지 인식하게 해주었다. 매우 성취지향적인 사람이라 그런지 나는 맡은 업무를 잘 해냈는데도 동료들이 내 업적과 멋진 아이디어를 알아주지 않으면 무시당한다고 느끼곤 했다. 그 느낌을 지우기 위해 나는 동료들이 얼마나 약속을 지키지 않고 얼마나 기대에 부응하지 못하는지, 불평하기 위한 이유를 계속 찾으려 했다. 어떻게 해야 동료들에게 효과적으로 영향을 미칠 수 있을지, 혹은 어떻게 해야 동료들과 함께 좀더 훌륭한 결과를 실현할 수 있을지 고민하기보다 그들의 결점을 캐내는 데 열중했던 것이다.

상사가 나의 그런 면을 알고 있었는지 모르겠지만, 그의 질문은 완벽하리만큼 내 생각의 패턴을 뒤흔들었고 내가 내뱉었던 불평을 되돌아보게 만들었다. 만일 그가 질문을 던지지 않고 내가 했던 일에 관해 언급했더라면 나는 그의 주장에 저항했을 것이다. 그의 의견이 아무리 분명하고 정확하다 해도 내 머릿속의 '거부' 버튼이 그의 조언과 충고를 계속 튕겨냈을 테니까.

내게 엄청난 영향을 끼친 것은 그의 강렬한 질문만이 아니었다. 질문의 타이밍 또한 흠잡을 데 없었다. 나는 그가 내 이야기를 경청하고 있음을 느꼈다. 그는 내 이야기에 반응했을 뿐 어떠한 기술도 부리지 않았고, 나는 놀랐고 불편했으며 조금은 당황했지만 그에게서 심판받는다는 느낌은 받지 않았다. 노련하게도 그는 D-존으로 나를 이동시켰던 것이다. '나는 이런 사람이다'라는 내 생각은 그후로 완전히 바뀌고 말았다.

나는 D-존을 실제로 활용한다는 것이 무엇인지, 그리고 D-존이 아닌 것이 무엇인지 명확하게 알려주기 위해 이 사례를 여기저기에 이야기하고 다닌다. D-존을 활용한다는 말을 도전적이고 껄끄러운 대화를 시작한다는 것으로 이해하지 않길 바란다. D-존에서 이루어지는 대화 과정은 곤혹스러운 상황에 처한 사람들에게 인식의 전환과 자기인식의 계기를 마련해주는, 코칭에 있어 가장 유용한 방법을 기초로 한다. 자신과 생각이 다른 사람을 돕고자 한다면 D-존을 택하라.

기존의 대화법 책과는 다르다

당신은 어떻게 해야 도전적인 동시에 용기를 북돋아주고, 격렬하지만 결정적인 도움을 주며, 진실하면서도 진정성 있는 대화를 하는지 일러주는 책들을 아마도 한 권 이상 읽은 적이 있을 것이다. 어떤 책이 도움이 됐는지는 사람마다 다르겠지만, 나는 『진정성 있는 대화Authentic Coversation』란 책을 가장 좋아한다.* 이런 유의 책들을 읽는 것은 유용하다. 어려운 이슈들을 해결함에 있어 좀더 나은 대화의 방향을 찾도록 리더들을 돕기 때문이다.

---

* James Showkeir and Maren Showkeir. *Authentic Conversations:Moving from Manipulation to Truth and Commitment.* Berrett-Koehler, 2008.

그런데 이러한 대화법 책들은 주로 '화자speaker'에 초점을 맞추기 때문에 메시지를 훌륭하게 전달하는 법, 스스로의 힘으로 원하는 바를 성취하는 법에 대한 지침을 준다. 이런 책들이 화자와 '청자receiver' 모두에게 도움이 되는 건 사실이지만, 어디까지나 최우선적인 목표는 화자를 돕는 것이다.

그러나 이 책은 다르다. 청자, 즉 당신과 함께 이야기를 나누는 상대에게 초점을 맞추고 있기 때문이다. 당신은 자신의 메시지 전달에 집중하기보다 상대가 다른 관점으로 상황 자체와 본인을 바라볼 수 있도록 인식의 경계를 확장시켜야 한다. 당신은 자기가 원하는 것을 말해서는 안 되고, 상대가 스스로의 힘으로 새로운 현실을 발견하거나 창조하거나 드러내기를 기대해야 한다. 간단히 말해 당신은 상대가 스스로 생각하도록 해야 하는데, 그 과정에서 조력자가 되어야 한다는 뜻이다.

'왜 그래야 하지?'라고 생각할지도 모르겠다. 대부분의 기업들은 간단명료하고, 솔직하며, 핵심에 이르는 접근방식을 선동한다. 존경받는 리더라 해도 엔진이 꺼지지 않고 계속 돌아가도록 해야 하고, 직설적인 대화와 효율은 경쟁 시장의 필요조건이기 때문이다.

그렇다. 직설적이고 솔직한 대화를 나누면 비효율적인 면을 줄일 수 있고 구성원들에게 목표에 대한 책임감을 부여할 수 있으며 명확한 기준으로 구성원들의 생각을 정렬시킬 수 있다. 부정적인 반응이 나올지 모르지만, 구성원들이 해결책과 자신들의 기여 속에서 나름의 가치를 찾을 수 있다면 고통은 충분히 감수할 만하다. 『결정적 순간의 대화 Crucial Conversations』라는 책의 저자가 말하듯, 대화의 목표는 "설득하는 것이지 다그치는 게 아니다."* 이러한 유형의 대화를 택할 때가 분명 있을 것이다.

대화가 잘 진행된다 해도 리더가 원하는 것에 대화의 초점이 맞춰진다면 인식의 전환은 결코 일어나지 않는다. 상대가 리더의 말을 수긍하거나 문제가 만족할 만한 수준으로 해결될 수도 있고, 점진적으로 행동의 변화가 일어날 수도 있다. 하지만 마인드가 확 바뀔 정도의 변화를 통해 완전히 새로운 관점으로 상황을 바라볼 수 있는 기회는 사라져버린다. 랠프 네이더가 말했듯이 만일 "리더십의 목적이 더 많은 리더를 양성하는 것"이라면,** 앞으로 나아갈 길을 리더가 먼저 제시하는 식의 대화는 아무런 도움이 되지 않는다.

당신과 대화하는 상대가 다른 시각으로 현상을 바라보고 별다른 도움 없이도 그런 시각을 통해 새로운 해결책을 발견할 수 있는 능력이 충분하다고 믿는다면, 당신은 '모든 걸 아는 사람'으로서가 아니라 '생각의 파트너'로서 행동하기만 해도 더 좋은 결과를 얻을 수 있다. 당신은 상대가 관점을 바꿔야 한다고 생각할지 모르지만, 당신의 기대와 의견을 말하지 말고 질문과 반문을 통해 상대가 생각을 전환하도록 유도해야 한다. 이런 과정에 익숙해지기 전까지는 대화의 주도권을 상대에게 내주고 끌려다니는 것처럼 느껴지겠지만, 감내할 만한 가치는 충분하다.

---

* Kerry Patterson, Joseph Grenny, Ron McMillan, and Al Switzler. *Crucial Conversations: Tools for Talking When Stakes Are High.* The first edition was released in 2002. A second edition was released by McGraw-Hill, 2013.
** Ralph Nader. *Crashing the Party.* St. Martin's Press, 2002.

전통적인 리더십 코칭 기술과는 어떻게 다른가?

과거 10년간 코칭은 리더십에 필요한 스킬로 인정받아왔다. 코칭할 줄 아는 리더들은 사람들의 상상력과 창의력을 자극하는 데 더욱 능숙하다. 질문을 던지고 답변을 이끌어내는 방법이 사람들로 하여금 신체적, 정신적, 감정적 측면에서 더욱 몰입하게 한다는 것은 이미 증명되었다. 그러나 리더들을 대상으로 한 대부분의 코칭 교육들은 돌파구와 같은 결과를 이끌어내기에 여전히 부족한 것이 사실이다.

전통적으로 리더 대상의 코칭 교육들은 상대에게 어떻게 해야 힘이 되고 용기를 북돋울 수 있는지를 알려준다. 또한 개인적인 판단은 유보하며, 상대의 약점에 초점을 맞추지 않고 강점에 집중하도록 해야 한다고 말한다. 이런 방법을 통해 도출된 해결책들이 창조적인 경우는 제법 많다. 코칭받는 사람은 코치(리더)로부터 압박받는다는 감정보다 격려받는 느낌을 가진다.

이런 접근방식들이 유용하긴 하지만, 특이하면서도 강한 의견을 지닌 똑똑한 '야심가'들을 상대하는 경우에는 잘 먹히지 않는다.* 상대가 가진 가정에 도전하고 껄끄러운 질문들을 던지면 상대의 비판적 사고만 촉진할 뿐이다. D-존 대화는 신뢰와 친밀함을 형성하며 시작되지만,

---

* Ron Ashkenas and Lisa Bodell, "Nice Managers Embrace Conflict, Too," HBR blog. October 2013. Retrieved from http://blogs.hbr.org/2013/10/nice-managers-embrace-conflict-too/.

그다음에는 생각의 돌파구를 만들기 위한 가능성을 높이기 위해 대화의 수준이 깊어진다.

의지가 강한 사람들 대부분은 자신의 저항을 일단 수긍해주고 자신의 업무를 세심하게 살피도록 자극하는 질문을 던지는 사람을 존중한다. 코칭 분야에서 세계적인 명사로 알려진 존 휘트모어 경Sir John Whitmore은 최근 한 인터뷰에서 이렇게 말했다, "온화하게 대하면서 지지해주는 것, 저는 초창기의 코칭이 그랬다고 생각해요. 하지만 요즘 같은 상황에서는 달라진 것 같습니다."

아직 훈련되지 않은 탓에 많은 리더와 코치들은 돌파구를 창출하려면 껄끄럽고 불편한 순간을 이겨내야 한다는 것에 두려움을 느낀다. 휘트모어는 덧붙인다. "개인적으로 저는 도전받는 것을 좋아합니다. 수술용 메스처럼 날카롭게 코칭하는 코치를 몇 명 아는데, 전 마음에 들더군요." 당신과 상대 사이에 놓인 벽을 돌파하고 방어적인 생각의 습관을 지적하려면 대화를 하는 동안 압박과 배려 사이에 균형을 잘 유지해야 한다. 만약 사람들이 주변 세계를 혁신적인 방법으로 보기를 원한다면, 당신에겐 도전하는 것 외의 다른 선택이 없다.

또한 많은 리더와 코치들은 사람들을 부정적인 감정에서 긍정적인 느낌으로, 문제가 아니라 해결의 가능성에 집중하도록 전환시키는 훈련을 받는다. 하지만 초반부터 이런 방식으로 대화가 진행된다면 상대는 화를 내거나 좌절하고 부끄러워할 것이며, 자신의 진정한 열망을 마음속에만 담아두게 될 것이다.

D-존을 활용하면 상대의 부정적인 감정을 자극할지 모르지만 그

것은 좋은 신호다. 대화하는 내내 자신이 지닌 믿음이 틀렸음을 깨닫게 되면 굴욕감이나 분노 혹은 슬픔을 느낄 수도 있다. 서문에서도 언급했듯이, 그런 감정들은 배움이 일어나고 있음을 가리킨다. 당신이 상대를 이렇게 만들었다면 그것은 그의 뇌에 굳건히 형성된 장벽을 무너뜨렸다는 뜻이다. 상대가 마침내 합리화를 직시한 것이고 자신의 맹점을 깨닫게 되는 것이다. 이렇게 될 때 그는 상황을 명확하고 폭넓게 이해할 수 있다.

대화의 목표는 상대가 가장한 겉모습을 깨뜨리는 것이다. 자신의 행동이 있는 그대로 폭로되는 상황에 직면하면 상대는 말을 잠시 멈춘 다음 반응하기 시작할 것이다. 말콤 글래드웰Malcolm Gladwell은『블링크Blink』란 책에서 심리학자 조슈아 애론슨Joshua Aronson의 다음과 같은 말을 인용했다. "사람들은 자신의 행동에 영향을 주는 것들에 무지하지만, 무지하다는 사실조차 느끼지 못한다."* 가벼운 불편함일 수도, 감정의 격한 분출일 수도 있는 그런 반응들은 상대의 심리적 틀이 재구성되고, 무엇이 진정으로 자신의 행동을 몰아가는지를 상대가 명확히 인식하게 됐음을 암시한다. 이러한 불편한 상황을 조성하면 자신의 경험을 평가할 수 있는 기회가 된다.** 진실은 상처를 주거나 경악스럽게 느껴지기 마련이다.

신뢰를 형성한 상태에서 상대의 생각에 이의를 제기하고 상대의 사고를 확대시키는 것이 바로 D-존을 활용하는 리더십 코칭 방법이다.

---

* Malcolm Gladwell. *Blink: The Power of Thinking without Thinking*. Little Brown, 2005, page 71. Aronson referred to numerous studies that demonstrate this phenomenon.
** Tori Rodriguez. "Taking the Bad with the Good," *Scientific American Mind*. May/June 2013, pages 26?27.

그 과정에서 상대의 뇌가 예상치 못한 무언가를 인식하는 동안, 리더는 개인적인 판단을 유보하고 그를 면밀히 살피면서 그가 다양한 감정을 표현하기에 충분히 안전하다고 느끼게끔 해야 한다. 이것이 리더가 생산성, 혁신, 리더십, 역량을 향상시키기 위한 학습환경을 창조하는 방법이다.

타이밍과 목적

이 책에서 학습한 방법들이 특정 상황에서 잘 들어맞지 않을 때가 종종 있을 것이다. D-존 대화법을 위한 최고의 타이밍은 상대가 대인관계, 의사소통 혹은 동기저하로 인한 문제 등으로 힘들어할 때다. 또한 당신이 상대의 의사결정 역량과 리더십 역량을 발전시키도록 도와주는 때 역시 그렇다. 그럼에도 원하는 효과를 얻기 위한 특유의 상황은 반드시 존재한다.

D-존이 필요한 타이밍
—

리더십에 대한 흔한 오해 중 하나는 누군가 원치 않는 방향으로 가고 있다면 그가 무엇을 해야 할지 모를 뿐 아니라 어떤 행동을 해야 하는지도 알고 싶어 하지 않을 거란 가정이다. 하지만 이미 아는 방법을 말하는(혹은 듣는) 것보다 더 짜증나는 일은 없다. 만약 당신이 누군가를 이런 식으로 대하고 있다면, 당신 자신이 그 사람의 동기를 떨어뜨리는 원인일지 모른다. 리더의 위치가 조언하거나 가르치거나 충고하는 자리라고 받아들이면 안 된다.

상대가 이미 알고 있고 능숙하게 할 수 있는 것이 무엇인지 파악하라. 그리고 당신과 상대가 회사에서 축적한 지식이 필요하겠다는 결론에 이르면, 당신은 당신이 아는 것들을 그와 공유하고 필요한 자원을 제공할 수 있을 것이다. 또한 만약 상대에게 어떤 스킬이 부족하다면 구체적으로 어떤 교육이 그에게 필요한지 정확히 짚어줄 수 있다.

당신과 대화하는 자에게 역량이 있다면 그에게는 지식이나 교육이 그다지 필요하지 않다. 그보다 그는 어떤 이슈에 대한 본인의 관점을 확장하고 자신의 행동과 의사결정의 영향을 이해하는 데 당신의 도움을 필요로 한다. 그가 이런 요구를 가진 상황이라면 이것이야말로 D-존을 활용하기 위한 완벽한 조건에 해당한다. 그가 아는 것이 무엇인지 이해한 뒤, 그가 어떤 감정적 장벽 때문에 실행 가능한 해결책을 발견하지 못하고 있는지 파악하라. 그에게 충분한 스킬과 지식이 있다면, '당신이 아는 것'을 가지고 그를 지치게 만들기보다는 '그가 아는 것'을 가지고 그에게 활력을 불어넣어줘야 성공적으로 대화가 이루어질 것이다.

타인의 잠재력에 대한 믿음
—

대화에 임할 때 당신은 성장 잠재력에 대한 믿음을 가져야 한다. 다음과 같은 질문을 스스로에게 던져보라. "상대가 가장 잘할 수 있는 일을 찾는 것이 중요한가, 아니면 내가 조종하는 대로 목표를 성취하도록 하는 것이 중요한가?" 만약 당신이 후자를 택한다면, 사람들은 스스로 생각해서 실행하는 리스크를 부담하기보다는 당신이 무엇을 결정할지를 지켜보기만 할 가능성이 크다. 그러므로 조직의 해결사가 되기보다는 사람들을 진정으로 배려하는 리더로서 행동할 때 당신은 더 높은 성과를 거둘 것이다.

D-존에서 충분히 잘해낼 수 있다는 믿음을 당신 스스로 가지려면, 사람들로 하여금 그들 자신보다 당신이 그들을 더 믿고 있음을 느끼게 해야 한다. 그렇게 하면 그들은 당신이 자신들의 성공을 위해 최선을 다한다고 여길 것이고, 당신은 그들의 희망, 꿈, 성장 욕구, 좀더 높은 목적에 이르려는 갈망 등을 느낄 것이다.* 만약 각자의 열망에 가까워지도록 돕는 것이 리더가 되고자 하는 당신의 의지를 고무시킨다면, 당신은 D-존에서 그들과 원활하게 대화를 즐길 수 있을 것이다.

이런 마음가짐이 성과로 이어지려면 당신은 당신이 상대의 성장을 판단 및 제한한다고 생각하는 순간이 언제인지 인식할 수 있어야 하고, 이를 위해 자기관찰 역량을 기꺼이 향상시켜야 한다. 신뢰는 D-존을 성공적으로 활용하는 데 반드시 필요한 요소다. 당신이 타인에게 어떤 영향을 가하는지 끊임없이 인식하라. 특히 화가 나거나 당황스러울 때는

---

* Geoffrey James, "8 Core Beliefs of Extraordinary Bosses." Inc.com, April 23, 2012. The beliefs alluded to here are, "A company is a community, not a machine" and "My employees are my peers, not my children." Retrieved from www.inc.com/geoffrey-james/8-core-beliefs-of-extraordinary-bosses.html.

더욱 그래야 한다. 그렇게 해야 당신은 본인의 오류를 기꺼이 받아들일 수 있을 것이다. 게다가 자신들의 리더나 코치들도 실수를 범할 수 있다는 사실을 알게 되면 직원들 역시 왠지 모를 편안함을 느낀다.

기회를 탐색하려는 의지
—

많은 리더들은 '사람들은 자신이 원하는 것을 요구할 것이다'라는 가정하에서 직원들을 대한다. 그러나 이런 믿음은 여러 가지 이유에서 사실이 아니다. 조직문화상 상사에게 먼저 요구하는 것을 어려워할 수 있고, 도움을 요청하는 것을 부정적으로 바라볼 수도 있기 때문이다. 당신이 사람들에게 관심을 보이지 않는다면 그들을 발전시킬 기회도 놓칠 것이다. 당신이 다음 중 어떤 미신에 빠져 있는지 확인해보라.

미신 1 : 직원들은 내가 질문하기를 원하지 않는다. 내가 답을 주기를 바랄 뿐이다. 그래야 직원들이 계속 출근한다.

정말 그럴까? 이 미신은 당신의 나태함을 감추기 위한 말에 지나지 않는다. 직원 발전을 위한 대화에 시간 내기를 꺼리고 직원들이 다르게 생각하도록 도전하는 일을 두려워한다면, 아마도 당신은 이런 식으로 이야기를 할 것이다. 그러나 직원들은 당신에게 의존하기보다 당신을 통해 배우고 개선되기를 희망한다. 핑크Daniel Pink가 수집한 여러 연구결과에 따르면, 높은 성과 달성에 필요한 세 가지 동기

요소 중 두 가지는 자율성과 숙련성이다.* 그러므로 지속적으로 높은 성과를 기대한다면, 끊임없이 직원들의 마인드를 확대시킬 필요가 있다.

미신 2: 직원들이 내게서 원하는 것 혹은 이해하지 못하는 것이 있으면 내게 질문할 것이다.

당신의 직함이 무엇이든 간에 직원들은 자기들이 뭔가를 해결하지 못한다는 사실을 당신이 모르길 바랄 것이다. 아마도 그들에겐 과거에 상사, 부모, 선생님로부터 자신들의 미숙함을 비웃음당했던 경험이 있을지 모른다. "지금 바로 자네를 도울 수 있는 가장 좋은 방법은 무엇인가?"라고 질문하면 당신에게 고마움을 느낄 것이다. 그들이 구체적으로 답하지 못한다면 그들에게 당신의 시간을 선물하고, 사적인 대화를 통해 직원들의 생각을 확장시킬 수 있는 기회를 찾아보라.

미신 3: 아무도 불평하지 않으면 아무런 문제가 없는 것이다.

당신이 좋은 리더일지 모르지만 완벽하지는 않다. 직원들과 함께 앉아 대화하는 시간을 갖지 않은 채 "잘되어가는가?"라고 불쑥 질문하는 리더는 직원들이 직면하는 고충에 별 관심이 없는 사람이다. 직원들의 고충, 의견, 고민이 무엇인지 질문한다면 그들의 동기를 지

---

* Daniel Pink, *Drive: The Surprising Truth About What Motivates Us*, Riverhead Books, 2011. 핑크는 통제성, 탁월성, 목적이 동기부여의 세 가지 요소라고 정의한다.

속시키는 데 무엇이 필요한지 파악할 수 있을 것이다.

미신 4: 모범적인 직원이 그릇된 언행을 하면 다시는 그런 일이 생기지 않을 것이다. 스스로 잘못을 교정할 수 있을 테니까.

이 미신은 어려운 대화를 피하기 위해 자주 둘러대는 핑계 중 하나다. 직원들이 당신을 좋아하지 않든, 그들의 반응이 심드렁해서 뭘 해야 할지 걱정이 되든 간에 어떤 직원이 그릇된 언행을 저지르면 그에게 바로 사실을 알려줘야 하고, 이는 빠르면 빠를수록 좋다. 만일 그 직원에게서 저항의 조짐이 보인다면, 코칭 방식을 적용한 대화로 이어가라.

미신 5: 최고의 직원은 혼자 자기 업무를 하고 싶어 한다.

고성취자들은 긍정적인 피드백, 자신이 이룬 성과에 대한 인정, 흥미로운 프로젝트에의 지속적인 참여를 바라고 기대한다. 또한 당신이 자신들의 생각에 도전함으로써 계속적으로 성장시켜주기를 원한다. 그러니 최고의 직원을 잃지 않도록 주의를 기울여라. 그들의 마인드를 성장시키려면 정기적으로 D-존 대화를 활용하기 바란다.

배우고 성장하는 역량이 직원들에게 있다는 것을 믿는가? 그렇다면 왜 당신은 그들이 현재 실력을 더 성장시키도록 돕지 않는가? 리더에게 최우선 순위는 이것이 되어야 한다. D-존 대화의 기회를 찾는 것이 리더라는 역할에서 중요한 부분이 되도록 하자.

D-존 대화의 목적

—

D-존 대화를 하기 전에, 먼저 이런 대화를 하기 위한 이유가 무엇인지 살펴보라. 그리고 솔직하게 당신의 기대가 무엇인지 자신에게 질문을 던져보라. 대화가 끝나면 무엇을 해야 할지 이미 결정했는가? 당신은 상대로 하여금 본인의 일과 자기 자신을 다르게 바라보도록 돕고 싶을 것이다. 하지만 대화가 어떻게 발전되어갈지 혹은 D-존 대화를 계속해나가면 어떤 결과가 나올지에 대해 집착하면 안 된다. 집착하면 당신은 당신이 원하는 방향으로 대화를 밀어붙이고 말 것이고, 그렇게 되면 당신이 상대와 대화하고자 하는 본래의 목적은 온데간데없이 사라진다. D-존 대화의 목적은 상대가 스스로를 생각하도록 용기를 불어넣는 것이지 당신의 시각을 가르치거나 회유하거나 영향을 주려는 것이 아님을 기억하라.

↘ 당신의 선입견이 무엇인지 확인하라

시간을 충분히 주어도 상대는 스스로 방향을 찾지 못할 거라는 선입견을 가지고 있는가? 상대에 대해 약간의 선입견이 있다 해도 그 사람의 능력 향상을 위해 그런 점을 무시할 수 있는가? 그렇다면 D-존 대화를 원활하게 진행할 수 있겠지만, 만약 그렇지 않다면 상대의 발전에 관한 건설적인 대화는 불가능해지고 상대의 성장을 가로막는 꼴이 된다. 당신에 대한 상대의 신뢰가 추락하는 것은 물론이다.

➘ 감정을 선택하라

대화해야 할 사람이나 지적하고픈 상황을 미리 머리에 떠올려보라. 어떤 감정이 솟구치는가? 그런 감정이 대화를 하는 동안 생겨난다면 완화시킬 수 있겠는가? 만약 상대가 당신의 기대와 다르게 반응하거나, 새로운 행동을 받아들이고 노력하는 스타일과 속도 면에서 당신의 기대와 다를 가능성이 있음을 용인할 수 있겠는가? D-존 대화에 들어가기 전에 무슨 일이 벌어질 수 있을지 상상하고 최악의 시나리오를 그려본 뒤 어떻게 반응하고 싶은지 선택하라. 구체적으로 상상하고 연습해야 대화를 원활히 진행할 수 있다.

리더로서 당신은 대화의 감정적 톤을 설정하고, 대화하는 동안은 긍정적인 감정을 유지하고 상대를 발전시키겠다는 목적을 견지해야 한다. 또한 대화 중 혹은 그 이후에도 인내할 수 있도록 스스로 훈련해야 한다. 자아인식과 행동에서 지속적인 변화가 이루어지려면 시간이 소요되기 마련이다. 앞으로 나아가고자 결정했더라도 상대는 공포와 의심의 벽에 부딪쳐 좌절할 수 있다. 성장의 고통에 직면하면 자연스레 스스로를 보호하려 하기 때문이다. 변화의 안개 속을 헤치고 그를 코치하려면 상대에게 그런 고통과 좌절을 경험하게 하는 것이 대화의 돌파구를 만드는 것만큼이나 중요하다.

상대의 반응은 그가 인간이기 때문에 당연히 보이는 것으로 여겨야 한다. 그가 저항한다고 해서 좌절하지 마라. 저항으로 그가 당신에게 좌절감을 주게 하지 마라. 그가 거짓 표정을 지으며 당신을 속이게 만들지 마라. 그리고 절대 그를 위협하거나 매수하지 마라. 상대는 대화하는 내내 당신이 침착하게 대응하기를 바랄 것이다.

상대의 의지, 욕구 그리고 용기
—

당신이 아무리 기대해도 사람들은 바뀌지 않는다. 설령 그들 자신이 바뀌기를 원한다 해도 말이다. 상대가 당신과 함께 대화에 효과적으로 임하려면 세 가지 조건, 즉 의지, 욕구, 용기가 있어야 한다. 상황을 다르게 바라보기 위해 당신과 함께 자리에 앉으면 상대는 대화를 통해 원하는 바를 얻으리라 믿게 되고, 이전 사고의 습관을 버릴 수 있는 용기를 갖게 된다. 이럴 때는 대화가 성공적으로 이루어질 가능성이 높다.

↘ 대화하고자 하는 '의지'

당신은 의미 있는 대화를 나누자며 누군가를 강요해서는 안 되고 그 대화가 유익한 시간이 될 것이라고 말해서도 안 된다. 당신은 대화의 의도를 설명한 후에 대화하고자 하는 의지가 상대에게 있는지 판단해야 한다. 당신이 대화를 강요한다는 느낌을 주면 상대의 대화 의지는 사라져버리고, 상대가 어쩔 수 없이 당신의 대화 제안을 수용한다 해도 새로운 깨달음은 물건너간다. 그러니 대화를 하다가도 언제든지 끝낼 수 있다는 것을 상대가 알게끔 하라.

상대의 대화 의지를 유지하려면 그의 관점이 당신과 많이 다르더라도 그것의 타당성을 인정하라. 절대 상대가 잘못됐다고 느끼게 하지 마

라. 상대에 대한 판단을 내리지 않으면 그는 당신을 신뢰할 것이고, 이런 신뢰가 있어야 성공적인 대화가 가능하다. 대화 내내 당신이 상대에게 최대한 집중하고 있고 언제든지 대화의 시간을 내줄 것이라는 신뢰가 상대 안에 자리 잡는다면, 그는 긴장감이 크더라도 당신과 대화를 이어갈 것이다.

⚓ 개인적 가치에 기반한 '욕구'

진정으로 원하는 무언가에 대한 보상이 없다면 의지는 오래 지속되지 못한다. 결과에 대한 욕구 없이는 사고의 돌파구도 생겨나지 않는다. 대화를 시작하기 전에 당신은 상대의 욕구가 무엇일지 생각해야 하고, 그에게 변화를 자극할 만한 다른 욕구는 없는지 발견하려고 대화 내내 노력해야 한다. 내가 너무나 잘 아는 상대이니 그가 원하는 바를 물을 필요가 없다는 생각은 절대로 하지 마라.

변화 욕구를 불러일으키는 보상들은 보통 상대가 가치를 두는 것들이다. 남들에게 리더로 여겨지는 것, 동료로부터 존중받는 것, 목표를 더 쉽게 달성할 수 있는 능력을 갖는 것, 도전적인 프로젝트의 기회를 획득하는 것, 가족과 더 많은 시간을 함께하는 것, 마음의 평안을 얻는 것 등이 그에 해당한다. 장기적인 성과를 보장하려면 개인적 가치와 직장생활의 바람을 일치시키는 것이 중요하다.

🔦 내면을 직시하려는 '용기'

D-존 대화는 비유하자면 '영웅의 여행'이라고 말할 수 있다.* 사고의 습관과 싸워야 하는 자기탐구의 모험으로 상대를 이끌어가는 것이기 때문이다. 이 싸움을 치르려면 용기가 필요하다. 대화가 진전되기 전에 당신은 상대로 하여금 이 싸움이 안전하다고 느끼게 해야 할 뿐 아니라 당신이 그의 생각에 도전을 가할 때조차 그 느낌이 유지되도록 해야 한다.

때론 상대가 당신의 도전을 거부하는 경우가 발생할 것이다. 당신은 상대가 용기를 갖도록 만들 수는 없다. 하지만 당신이 대화하는 의도가 상대의 개선을 위한 것임을 그가 신뢰한다면, '악마'가 나타난다 해도 상대의 전진을 도울 수 있다. 그가 어색해하고, 두려워하고, 불행하다는 느낌을 받더라도 긍정적인 마음을 갖도록 돕는 것이 당신이 상대에게 줄 수 있는 최고의 선물 중 하나다.

상대를 위해 진정한 변화를 만들고 싶다면 당신은 기꺼이 D-존 안으로 들어가야 한다. D-존 대화야말로 상대의 변화를 촉진시키는 놀라운 방법이다. 부수적으로 당신은 이 대화법을 통해 자신에 대해 더 많이 배울 것이다.

---

* The description of the Hero's Journey is adapted from: Joseph Campbell. *The Hero with a Thousand Faces*. Princeton University Press, 1968, page 245.

CHAPTER 1

핵심포인트

1. D-존 대화는 흔히 말하는 '도전적인 대화'와 다르다. D-존 대화는 지각과 감각의 변화가 상대에게 도움이 된다는 사실이 분명할 때 구사할 수 있는 코칭 방법이다. 전달할 메시지가 없어도 된다. 중요한 것은 상대가 자신의 상황과 스스로를 다르게 인식하는 눈을 확대시킨다는 것이다. 당신이 상대에게 무엇을 원하는지 말하지 말고, 상대가 자기만의 새로운 현실을 발견하고 창조하며 드러내게 하라. 간단히 말해, 상대가 스스로 생각하도록 해야 한다. 당신은 그 과정상의 조력자일 뿐이다.

2. 타 조직에서 교육된 적이 별로 없는 리더십 코칭 스타일을 다루는 이 책은 사람들로 하여금 자기합리화의 민낯과 맹점을 들여다보게 하는 도전적인 질문들, 스스로를 돌아보게 하는 문장들을 어떻게 활용할지 알려준다. 자신과 세상을 바라보는 관점에 변화를 주는 이 책의 코칭 스타일은 다른 접근 방식들보다 더욱 근본적인 행동의 변화를 이끌어낸다.

3. 이 책의 접근방식이 성공하려면 특정 조건들이 마련되어야 한다. 상대가 가진 잠재력에 대한 당신의 믿음, 대화의 기회를 찾으려는 당신의 의지, 대화를 위한 당신의 목적, 상대의 의지와 욕구 그리고 용

기 등이 바로 그것이다. D-존 대화의 기회를 찾는 것은 당신의 책임이다. 배우고 성장하려는 욕구가 높은 직원이 있다면 더욱 그렇다.

4. 상대가 기본적인 스킬과 지식을 갖췄다면, 당신이 아는 것을 그에게 쏟아내기보다는 그가 아는 것을 사용하여 그에게 힘을 실어줘야 한다. 직원들을 반드시 믿고 그들이 자신의 희망과 꿈을 깨닫도록 온 힘을 다해 도와라. 그래야 당신에 대한 그들의 신뢰가 쌓인다.

5. 대화하는 동안 긍정적인 감정과 의도를 유지하고, 인내심과 호기심을 유지하면서 어떤 일이 발생할지에 대해 생각하고 준비하라.

6. 상대가 사물을 다르게 보려 하고 자신이 원하는 대로 대화가 이어진다고 믿게 된다면, 그리고 자신의 오래된 사고 습관을 버리겠다는 용기를 가지게 된다면, 당신이 나누는 D-존 대화는 성공적일 뿐 아니라 서로에게 의미 있는 자리가 될 것이다.

최고의 리더가 되겠다는 목표가 있다면, D-존으로 향하는 여행이 그 숭고한 목표를 성취하게 도울 것이다.

DISCOMFORT ZONE

2.

D-존으로
들어가는
문

"당신은 관심을 속일 수 없다."
_렌 로버츠Len Roberts, 라디오 섀크Radio Shack의 전 회장이자 CEO

나는 의뢰인이자 모 화학회사 CEO의 불평을 적어도 5분 동안 듣고 있는 중이었다. '직원들은 아무 생각이 없다, 관리자들은 무능하다, 경제는 총체적인 난국이다, 고객은 바보다, 교통은 엉망이다!' 내가 말할 차례가 되었을 때 나는 이렇게 환호를 보냈다. "와우~ 와우, 와우!"

그가 말했다. "세상에! 제 말이 이상했나요?"

"에드, 살면서 당신을 가장 흥분시킨 것들 중 하나를 아무거나 말해보세요. 당신을 미소 짓게 만든 건 뭔가요? 아니 그보다, 당신을 크게 웃게 만든 것엔 뭐가 있나요?"

"제가 멍청이처럼 굴었군요, 그렇죠?" 그가 말했다.

"제 생각엔 당신은 직장에서나 개인생활에서 자신이 누군지를 전혀 인식하지 못하고 있어요. 무엇 때문에 그렇게 화가 난 겁니까?"

내 의뢰인들이 흔히 그러듯이 그는 긴 침묵 끝에 말했다. "제게는 삶이 없어요."

그 전까지 우리는 그의 사생활에 대해 얘기해본 적이 없었다. 그가이혼했다는 사실도 1년 후에 알게 됐을 정도였으니 말이다. 자신의 일상생활에 대해 이야기하던 그는 외로움을 견디기 위해 모든 힘을 일에집중한다고 고백했다. 그러다 보니 직원들을 부정적인 시선으로 평가하게 됐고 그들에게 과도한 압박을 주고 말았다. 특히 헌신적인 관리자들이 받는 압박은 상당했다. 결국 그는 휴식을 취하라는 나의 제안에 동의했다. 그는 이혼 전에 즐겨 했던 것들, 이를테면 댄스를 다시 시작하겠다고 내게 약속했다. 그가 내 제안을 쉽게 수용했다고 생각하는가?맞다. 그와 나는 신뢰의 기반을 함께 다졌기 때문이다.

이 장에서는 관계 속에서 어떻게 충분한 신뢰를 구축하는지 살펴볼것이다. 그렇게 해야 당신이 당신의 생각을 전파하고 껄끄러운 질문을 던지더라도 직원들이 마음의 문을 닫거나 밖으로 뛰쳐 나가거나 당신의 전화를 끊지 않을 테니 말이다. **당신이 관찰한 사실과 질문은 직원들이당신의 의도에 신뢰를 가질 때에만 충분한 영향력을 발휘할 수 있다.**

"와우~"라고 환호했던 내 반응이 무례했다고 생각하는가? 그가 어떻게 느낄 것이고 그의 대답을 어떻게 다룰 것인지에 대한 내 자신감이넘친 나머지 내가 그의 말을 경청하지 않았다고 생각하는가? 그렇다면그 생각이 맞다. 그러나 나는 그를 동정하는 함정에 빠지지 않았고, 그가 제기한 문제를 해결하려고 뛰어들지 않았다. 나는 단호할 필요가 있음을, 그리고 동정을 해야 할 때와 분위기 전환을 위해 유머를 구사해야 하는 때를 알고 있었다.

무엇보다 나는 그를 매우 존경했고 그에게 깊은 관심을 가진 상태였다. 이런 입장을 견지함으로써 나는 그의 장벽을 돌파하는 데 무엇이 필요한지 느낄 수 있었다.

D-존 대화의 첫 단계는 D-존 대화를 함께 나눌 만큼 강한 연대를 확립하고 지속하는 것이다. 이를 통해 상대는 당신의 믿음과 지지를 바탕으로 자신의 감정을 표출해도 충분히 안전하다는 느낌을 갖게 된다. 설사 불확실하고 취약하며 균형을 잃은 듯 느끼더라도 신뢰를 형성한 당신과 함께 대화를 나눈다면 그에게는 학습이 일어날 것이다.

사람들을 D-존으로 안내하는 올바른 길은 무엇일까? 당신이 D-존으로 빨리 들어가도록 상대를 밀어붙인다면 그는 마치 협박당하는 듯한 느낌을 받을 것이고, 당신이 아무리 좋은 질문을 던지더라도 그 질문은 그의 장벽을 허물기는커녕 방어벽만 공고히 하고 말 것이다. 당신은 상대에게 대화가 유익할 거라는 믿음을 심어주어야 한다.

먼저, 대화하는 동안 정신적으로 감정적으로 100% 집중할 수 있는지 스스로에게 물어보라. 말콤 포브스Malcolm Forbes는 "존재는 거기 있는 것 이상이다."라고 말했다. 사람들과 무언가를 함께할 때는 항상 활기 넘치는 '연결'이 나타난다.* 사람들이 소통할 때는 '뇌와 뇌 사이'에서 무엇인가가 발생한다.** 함께 대화하고 감정을 교류하며 배려하고자 하는 당신의 의도는 상대의 의지, 욕구, 용기가 변화하도록 영향을 끼칠 것이다. 당신은 대화하는 내내 집중하고 신뢰를 지속시켜야 한다.

대화에 집중할 때는 반드시 당신과 상대를 둘러싼 '안전지대'를 형성하라. 그래야 상대가 당신으로 하여금 자신의 머릿속에 들어오는 것을 허락할 것이다. 신뢰의 안전지대를 만드는 데 필요한 네 가지를 명심해두자. 대화에 몰입해야 하고, 감정적 의도를 설정하고 유지해야 하며, 당신과 상대가 서로를 존중해야 하고, 어떤 일이 생기든지 대화의 과정을 믿어야 한다는 것이 그것이다.

대화에 몰입하라

컴퓨터 같은 방해물이 없는 조용하고 개인적인 공간을 찾아라. 업무에 대한 걱정 따위는 깨끗이 잊어버리고, 대화하는 현재의 순간에 집중하라.

대화하는 동안 당신의 마음은 분주할 수밖에 없다. 뇌는 대화상에서 벌어지는 상호작용의 역학을 세밀하게 모니터하느라 바삐 움직이겠지만, 마음을 가라앉히고 편안하게 당신 자신과 상대에게 집중한다면 당신은 상대의 말과 의미를 놓치지 않을 것이고 당신의 생각과 감정상의 변화도 인지할 것이다. 상대의 반응뿐만 아니라 당신 자신의 변화에

---

* 칼 융은 다음과 같이 말했다. "두 개인의 만남은 두 화학 물질의 만남과 같다. 반응이 일어나면 둘은 다른 물질로 변화한다." 그는 의사-환자의 관계에서 사고와 감정의 효과를 이렇게 묘사했는데, 이 현상은 인간관계에도 똑같이 적용할 수 있다. Carl Jung, *Modern Man in Search of a Soul* (translated to English in 1933, Kegan Paul, Trench, Trubner & Co. First publication by Routledge Press, 2001, page 49.)
** Michael Gazzaniga, *Who's in Charge: Free Will and the Science of the Brain*. Ecco, 2011, page 136.

관심을 기울인다면 대화를 진전시키기 위해 어떤 말을 해야 할지 알게 된다.

다시 말하자면 당신이 대화에 전적으로 참여해야만 당신 안에서 어떤 변화가 일어나는지, 그리고 당신과 대화하는 상대가 어떤 변화를 보이는지 인식할 수 있다. 때문에 그저 중립적인 관찰자가 되어서는 안 된다. 상대가 저항을 보이면 당신은 긴장하게 되고, 답변을 하기 전에 상대에게 동정심을 느낄지 모른다. 상대가 정신적 갈등을 스스로 해결하고자 애쓰는 모습을 보이면 당신은 충동적으로 말하거나 행동할 가능성이 있다. 그러니 마음을 가라앉히고 상대가 새로운 진실을 인지하고 그것에 익숙해질 때까지 기다려라. 어쩌면 당신은 "별로 큰 문제가 아닙니다."라고 말하며 상대를 곤혹스러움에서 구해내려 할 수도 있겠지만 그래서는 안 된다. 대화하는 동안에는 의연함을 유지하라. 당신과 상대에게서 일어나는 변화는 당신이 전적으로 대화에 집중할 때에만 감지할 수 있다.

나는 시간이 날 때마다 복식호흡을 하며 몸 안의 긴장을 푼다. 그래야 편안함을 느낄 수 있고 상대에게 어떤 말을 할지 생각을 정리할 수 있기 때문이다. 심호흡을 계속하면 그 말들이 나의 중심 안으로 가라앉아 쌓이는 느낌이 든다. 누군가와 전화를 해야 할 때면 나는 컴퓨터로부터 멀리 떨어진 조용한 장소에 앉고, 의뢰인을 방문할 일이 생기면 역시나 방해물들로부터 최대한 멀리 떨어진 곳에서 의뢰인과 마주하려고 한다. 이렇게 대화의 장소를 세팅해야만 대화하는 동안 서로의 마음속에서 어떤 일이 벌어지는지 지각하고 대화를 자연스럽게 진전시킬 수 있다.

내가 대화를 위해 사전에 준비하는 유일한 말은 대화 시작 시 그 대화의 의도를 분명히 전달하는 문장이다. 대화를 종료할 때는 다음 단계로 무엇을 지원할지 일러준다. 대화하는 동안 나는 대화가 자유롭고 자연스러우며 솔직하게 진행되도록 최대한 마음을 열기 위해 노력한다.

이러한 대화의 과정은 예술가 등 창조적인 일을 하는 사람들이 무언가를 만들 때의 과정과 흡사하다. 국립 청각 및 커뮤니케이션 장애 연구소National Institute on Deafness and Other Communication Disorders의 신경과학자들은 12명의 프로 래퍼들을 기능성 자기공명장치fMRI에 들어가게 하고 랩을 부르게 한 후에 그들의 뇌를 검사했다.[*] 재미있게도 노래의 처음과 끝부분에서는 뇌가 전반적으로 활성화되었지만, 프리스타일로 랩을 부르는 동안에는 자기감시, 비판, 검열, 수정에 관련된 뇌 부분들이 비활성화되었다. 이 모습을 관찰한 연구자들은 래퍼들이 '자기감시와 제어'라는 기본적인 제약으로부터 자유로웠기 때문에 갑작스러운 통찰이 쉽게 떠올랐을 것이라고 설명했다.

다시 말해, 래퍼들은 자신들 내부에 존재하는 비평가와 분석가의 역할을 '꺼버렸던' 셈이다. 그렇게 해서 감각 프로세스와 새로운 아이디어 분출이 일어나는 안쪽 뇌가 더 많이 활성화되었다. '몰입의 상태'에 관해 연구한 과학자들 역시 이와 비슷한 반응을 관찰했다.[**]

---

[*] Siyuan Liu, "Neural Correlates of Lyrical Improvisation: An fMRI Study of Freestyle Rap," *Scientific Reports* 2:834, November 15, 2012.

D-존 대화에서 이런 몰입의 상태를 나타내도록 하는 것이야말로 '예술'이다. 래퍼가 된 것처럼 당신이 대화에 전적으로 집중하고 몰입해야 질문과 반응이 허심탄회하게 나올 수 있다. 또 그래야 상대가 자신의 문제를 다르게 인식하도록 유도하기 위한 말을 능숙하고 자연스럽게 생각해낼 수 있는데, 당신이 어떤 말을 해야 하는지 잘 알아차리기 위한 방법은 3장과 4장에서 다룰 예정이다.

　　몰입 상태가 되면 긴장이 고조되더라도 평정심을 잘 유지할 수 있고, 상대가 자기자신과 주변을 인식하는 나름의 방식에 의문을 던질 수 있다. 상대는 자신의 방식을 보호하고자 방어적으로 나올 가능성이 크다. 그가 현실에 관한 새로운 시각을 따르려고 애쓰는 동안 당신은 침착하게 반응함으로써 상대가 안전지대에 머물고 있다는 안도감을 느끼게 하라.

　　수많은 책, 신문기사, 블로그 글들이 대화의 기술을 이야기하고 있다. 당신은 당신에게 맞는 방식을 찾아야 한다. 대화하는 동안 자리에서 도망치고 싶어지거나 비판적인 생각들이 머릿속을 가득 채운다면 심호흡을 하라. 숨을 내쉬면서 생각을 밖으로 흘려 내보내라. 몸의 긴장을 풀고 왜 당신이 그 자리에 있는지를 떠올려라. 당신이 전적으로 참여하지 않는다면 그 대화는 아무런 소용이 없다.

** 심리학자 미하이 칙센트미하이Mihaly Csikszentmihalyi는 사람들이 어떤 행동에 깊이 빠져드는 순간에 관하여 수십 년간 연구했다. 그 순간에 사람들은 시간을 망각하고 최소한의 생각으로 무언가에 집중한다. 그는 이런 현상을 '몰입(Flow)'이라고 명명했다. 몰입에 관한 그의 책을 참조하라. *Flow: The Psychology of Optimal Experience*. HarperCollins, 1990.

감정적 의도를 설정하고 유지하라

작든 크든 조직에는 서열이 있고 성과평가라는 게 있으며 나름의 판단 방식도 존재한다. 그래서 '마음을 열고 솔직해야 한다'는 말을 상사로부터 들어도 많은 직원들은 맘속의 의심을 거두지 않는다. 그렇기에 당신이 대화하는 동안 편견을 삼가며 안전지대를 구축하려고 애써도 한 번의 대화만으로 상대의 신뢰를 얻기는 어렵다.

당신은 상대와의 관계뿐 아니라 리더십에 대해 회사가 가지고 있는 문화적 기준을 잘 고려해야 한다. 그래야 D-존 대화를 시도하기 전에 관계 구축을 위해 필요한 것이 무엇인지 알아낼 수 있기 때문이다. 상대는 당신을 리더로서 신뢰할진 몰라도 개인적으로는 신뢰하지 않을 수 있고, 최근에 특정 사건이 일어났다면 리더로서 당신이 가진 능력에 대한 직원들의 신뢰는 그것 때문에 떨어질 수도 있다. 그리고 몇몇 직원들은 그저 리더라는 이유로 무조건 리더를 신뢰하지 않는다는 점을 잊지 마라.

절대 첫 번째 대화로 신뢰를 얻을 것이라 기대하지 마라. 상대를 만나서 그가 당신을 어느 정도로 편안하게 느끼는지를 미리 파악하라. 그렇게 하면 관계 구축을 위해 얼마나 많은 신뢰를 쌓아야 하는지 그리고 상대가 당신에게 마음을 열기까지 어느 정도의 시간이 걸릴지를 짐작할 수 있다.

신뢰 형성에 성공했다면, 대화하는 동안 그리고 대화 이후에도 상대로 하여금 당신이 그에게 온전히 관심을 기울이고 있음을 느끼게 해야 한다. 포커페이스에 능숙하다 해도 당신의 요구와 감정은 대화에 영향을 끼칠 수밖에 없다. 상대를 고려하지 않고 당신이 원하는 쪽으로 관심을 기울인다면 신뢰는 곧바로 손상될 뿐 아니라 상대는 아무것도 받아들이려 하지 않을 것이다.

상대가 스스로 생각하도록 돕고 싶다면 기꺼이 그가 나름의 자기 생각을 표출하게끔 해야 한다. 그에게 무엇이 필요한지, 그가 뛰어난 성과를 거두지 못하도록 막는 것이 무엇인지 당신이 알고 있다고 해도 대화의 중심은 상대임을 절대 잊지 마라. 당신은 '사고의 파트너'이지 그를 부리는 주인이 아니다.

D-존 대화를 하려면 당신의 관점을 상대에게 주지시키기보다 그 사람 자신이 자아를 발견하도록 유도하는 질문을 사용해야 한다. 10대 청소년들은 물론이고 사람들은 보통 남들로부터 이러저러하게 해야 한다는 말을 들을 때보다 자신들이 스스로 알아차릴 때 생각을 바꿀 가능성이 높다. 이런 유도 질문에 익숙해지면 당신의 지식과 현명함을 주지시키는 방법보다 D-존 대화 방식이 효과적일 것이다. 특히 상대의 신념, 자기방어, 습관적 행동 패턴들을 깨뜨리려 할 때는 더욱 그렇다.

당신의 목적은 D-존 대화를 통해 상대가 자신의 방어벽만 보지 않고 자신의 신념과 자기방어가 오히려 제약요소임을 직시하게 만드는 것이다. 당신에게 중요한 것은 그들이 최고가 되는 것이지 그들을 당신처럼 생각하게끔 하는 것은 아니지 않는가? 그들이 자기 힘으로 만들 수 없는 돌파구를 열어주는 것, 그것이 당신이 대화를 하는 목적이다.

대화의 시작부터 종료 시점까지 당신은 상대에게 확실히 몰입해야 한다. 아마도 당신은 듣기 싫은 소리를 들을 때 사람들이 얼마나 빠르게 반응하는지 본 적이 있을 것이다. 당신 역시 비판받은 후에 말싸움을 벌이거나, 피드백을 받은 뒤 머리가 멍해졌던 경험이 있지 않은가?

상대로 하여금 자신의 성장을 위해 대화한다고 느끼게 하라. 당신의 이기심이나 조직의 목표를 위해 대화를 한다고 여기게 해서는 곤란하다. 당신이 상대방 본인에게 관심을 가지고 있음을, 자신을 깊이 신뢰함을, 더 높은 것을 달성하도록 도우려고 하는 중임을 상대가 알도록 해야 한다.

더 많은 목표를 달성하면 좋겠지만 당신은 함께 있는 상대에게 초점을 맞춘 감정적 공감대 안에서 대화를 진행해야 한다. 공감대가 형성되면 상대는 자신의 방어벽이 사라질 때 느끼는 불안감을 스스로 다독일 수 있을 것이고, 자신을 위해 폭넓게 배려한다는 당신의 의도를 긍정적으로 느낄 것이며, 당신이 다소 껄끄러운 말을 하더라도 그것은 자신에 대한 공격이 아니라 어떤 다른 목적이 있기 때문임을 이해할 것이다.

이렇게 되려면 당신은 열린 마음과 더불어 어떤 일이 펼쳐질지 궁금해하는 호기심도 가져야 한다. 이는 상대가 가진 사고의 패턴을 발견하기 위해서이지 당신의 신념에 맞는 답변을 듣기 위해서가 아니다. 당신은 상대가 어떤 가정을 가졌는지, 왜 그런 가정이 옳다고 여기게 됐는지를 알고 싶어 하되 그가 가진 가정이 맞는지 틀린지 판단해서는 안 된다. 상대가 자신의 신념을 지지하는 증거를 찾는다면 당신은 그의 논증에서 모순을 발견할지 모른다. 바로 이것으로부터 당신은 상대가 자신의 생각에 스스로 의문을 던지게 만드는 질문을 찾아낼 수 있음은 물론 언제 '침묵의 순간'을 연출해야 하는지도 알 수 있을 것이다. 당신이 솔직함, 관심, 호기심을 가져야 상대의 내면에서도 새로운 진실이나 신념 혹은 깨달음이 나타날 수 있고, 그래야 상대의 현실감각을 확대시키는 것이 가능해진다.

당신이 접하는 대부분의 사람들은 자신을 옥죄는 정신적인 벽과 고민거리로부터 자유로워지길 원한다. 그런 것들을 당신에게 털어놓게 하려면 당신을 전적으로 신뢰하게 해야 하고, 이를 위해 당신은 자신만의 태도, 가정, 입장을 드러내야 한다.

또한 질문을 시작하기에 앞서 상대가 먼저 충분히 이야기하도록 해야 한다. 당신이 너무 빨리 혹은 너무 깊이 대화를 진행시킨다면 상대는 당신의 대화 목적을 믿지 않을 뿐더러 자신의 방어벽을 더욱 강화할 것이고, 대화는 방향을 잃고 말 것이다.

리더로서 당신은 직원들에게 당신이 바라는 것을 더 직접적으로 표현해야 할 때가 있기 마련이다. 그런 대화는 D-존 대화와는 성격이 다르다. D-존 대화의 목적은 혼자서는 알아차릴 수 없는 맹점, 해결책, 가능성을 발견하는 능력을 확대하는 것이다. 대화에서의 질문은 당신이 가진 최고의 도구이자 당신의 마음 상태를 드러내는 거울이기도 하다.

당신과 상대 간의 존중

D-존 대화에서는 존중과 신뢰의 느낌이 필수적이다. 상대에 대한 존중

은 대화의 결과를 크게 좌우한다. 당신이 상대의 관점에 동의하지 않더라도 그가 자신의 생존과 성공을 위해 최선을 다하고 있다고 간주하고 그를 존중하라. 자신이 아는 것 이외의 것들을 깨닫도록 그를 도우려면 말이다.

철학가이자 교육자인 마르틴 부버Martin Buber의 고전적인 연구에 따르면 '나와 너' '나와 그것' '나와 당신' '당신과 당신'처럼 관계를 형성하고 발전시킴에 있어 당신이 상대방과 취할 수 있는 입장들이 있다.* 당신이 상대를 어떻게 느끼는지를 나타내는 것은 바로 이런 입장들이다.

우리는 휴대폰, 컴퓨터 등과 같은 문명의 이기를 통해 본 적도 없는 사람들과 '나와 너' 혹은 '나와 그것'의 입장에서 지나치게 많은 사적 대화를 한다. 이제 당신은 '나와 당신' 혹은 '당신과 당신'의 입장으로 전환해서 대화의 신뢰를 구축하고 유지할 필요가 있다. 상대에 대한 존중을 어떻게 유지하는가의 문제는 대화의 문장을 선택하는 문제만큼이나 중요하다.

⟍ 나와 너

이것은 관계의 '단절' 상태다. 사람들에게 행동할 겨를을 주지 않고 잔소리를 내뱉을 거라면 당신은 차라리 모르는 사람이 되는 편이 낫다. 당신의 말들은 서로 연관성이 없고 당신은 생각 없이 말한다. 또한 상대에게 행동을 부탁하거나 당신이 관찰한 바를 알려주겠지만, 대화를 권

---

* Martin Buber, translated by Walter Kaufmann. *I and Thou*. Touchstone, 1971.

장하려 하지는 않는다. 당신은 다른 이들의 동의 따위는 필요로 하지 않고, 그저 당신이 알게 된 것만을 확인하고 싶어 한다. 직원들과 단절 됐기 때문에 당신이 그들에게 어떤 영향을 주는지 또한 자각하지 않는 다. 누군가가 당신에게 말을 걸었던 때가 언제인가? 그들이 하는 말을 어떻게 느껴야 하는지 모르는 당신에게 말이다. 당신이 알지 못하는 사 이에 '나와 너'의 관계를 얼마나 형성했는지 생각해보라.

➤ 나와 그것

이 두 번째 상태는 '분리'를 의미한다. 만일 당신이 달성해야 할 목표 를 가지고 있고, 직원들이 당신의 관점을 알아차리거나 특정하게 행동 하기를 원한다면 그들은 당신의 목적 달성을 위한 수단에 불과해지고 만다. 당신은 관심을 갖고 예의를 갖춰 그들과 대화할지 모르지만, 그 런 대화의 의도는 그들이 아닌 당신의 목표를 달성하기 위함이다. 직원 들이 당신에게 동의를 표하지 않는다면 당신의 상황을 잘 설명하는 데 활용할 수 있는 의견이 무엇인지 경청하라. 당신은 몇몇 의견에는 동의 할지 모르지만 개인적으로 의견을 낸 사람이나 그의 아이디어가 멍청 하다고 판단할 수도 있다. 같이 대화하고 있더라도 정신적으로 둘은 분 리되어 있는 셈이다. 만일 이것이 팀들 간의 상황이라면 '우리와 그들'의 입장이라고 명명할 수 있다.

➤ 나와 당신

이 상태는 '연관'을 뜻한다. 당신이 전적으로 누군가와 관계를 맺는다면 상대는 자신의 지능과 역량이 존중받는다고 느낄 것이다. '자네'라는 단어는 당신이 그를 얼마나 중요한 사람이라고 여기는지, 그리고 그와 시간을 함께하는 것이 얼마나 가치 있는 일인지를 말해준다. 비록 서로 의견이 다르다 해도 당신은 그가 최선을 다한다고 믿는다. 상대 역시 당신이 자신과 '나와 당신'의 관계를 맺는다고 느낀다면 당신의 의도를 더 신뢰할 것이다. 만일 당신이 '나와 당신'의 상태까지 발전할 수 없는 경우에는 절대로 D-존 대화를 하면 안 된다.

◥ 당신과 당신

이 네 번째 상태의 의미는 '통합'이다. 부버의 연구에서 이 상태를 언급하는 내용은 없다. 하지만 지난 수십 년 간의 양자물리학 및 신경과학 연구업적에서는 두 사람 관계의 '역학'을 개념적으로 설명하는 틀을 찾을 수 있다. 마거릿 휘틀리Margaret Wheatley의 명저 『현대과학과 리더십 Leadership and the New Science』은 관계 네트워크의 효과로 리더십을 설명했다.* 최근에는 우리의 뇌 속에 타인의 의도와 감정을 감지하는 '거울 뉴런Mirror Neuron'이 존재한다는 것이 밝혀졌고 여러 기업에서 실시되는 의사소통 교육 프로그램에서도 거울 뉴런을 다룰 정도가 되었다.** 감정과 의사를 통해 표현되는 몸과 에너지의 변화가 소통에 영향을 미친다면, 관계 형성과 유지에 중요한 파트너가 되어야 한다는 인식은 타인을 위

---

* Margaret Wheatly, *Leadership and the New Science (2nd ed.)*, Berrett-Koehler, November 1999.
** Daniel Goleman, *Social Intelligence: The New Science of Human Relationships*, Bantam, October, 2006, page 42.

한 존중만큼이나 필수적이다.

똑똑하고 창의적이며 서로에게 중요한 두 사람이 '당신과 당신' 관계를 구축하려면, 당신은 대화 시 '나'를 보호하고자 하는 욕구를 없애야 한다. 구체적으로 말한다면 당신은 올바르려는 욕구, 존중받으려는 욕구, 통제하려는 욕구를 있는 그대로 표출할 필요가 있다.* 당신 자신을 설명하고 싶은 욕구가 고개를 들면 그냥 그렇게 하라. 상대의 저항이 당신을 경멸하는 것처럼 느껴져도 만약 그가 고의로 당신을 공격하려드는 것이 아니라면 개인적으로 받아들이지 말고 그냥 그대로 둬라. 그 사람이 당신을 좋아하지 않을 것이라 우려되더라도 용기를 내어 상대의 가정과 반응에 더 크게 도전하라. 대화가 통제되지 않는다고 느껴지면 상대에게 대화의 목적을 되짚어주고 그것이 여전히 유효한지 질문하라. 그렇게 하면 대화를 원위치로 돌려놓을 수 있지만, 그런 욕구를 표출하지 않고 억누르면 여러 생각들이 복잡하게 꼬이게 될 것이다.

당신의 '나'를 드러내는 것은 어려운 일이다. 당신이 내린 평가와 판단의 그물에 걸려 넘어지지 않는 것부터 시작하라. 당신의 '나'로부터 당신의 의견이 나오고 개인적인 욕구가 나오는 법이다. 당신이 자유롭게 사고해야만 가능성을 함께 탐색하는 두 사람이 몰입의 상태를 경험할 수 있다.

---

* 감정적인 방아쇠에는 어떤 것들이 있는지, 그것들이 대화에 영향을 미치는지 어떻게 인식하는지는 다음의 책을 참조하라. Marcia Reynolds, *Outsmart Your Brain*, Covisioning, 2004, pages 28~31.

'나'가 존재하지 않는 것처럼 세상을 의식하면서 20분간 주변을 산책해보라. 마치 전에 본 적 없는 것처럼 물건이나 상황, 사람들을 인식할 수 있는지 살펴라. 무엇을 발견할 수 있는가? 어떤 색깔과 세부적인 것들이 눈에 들어오는가? 어떤 사건들과 사람들이 당신을 미소 짓게 만드는가? 우리의 '나'가 우리의 삶 전반을 이끌기 때문에 우리는 많은 것들을 놓친다.

사실 연습을 하더라도 존재와 인식을 발전시키는 과정 중 당신은 아마도 '나'로부터 생각하는 것과 그것을 드러내는 것 사이에서 흔들릴 것이다. '당신과 당신'은 열망하는 상태를 뜻한다. 자신의 관점을 옹호하고 싶다거나 불편을 느끼는 상대를 구하고픈 욕구를 느낀다면, 당신이 대화하는 이유는 상대가 생각하도록 돕는 것임을 상기하고 심호흡하며 마음을 가라앉혀라. 당신의 '나'를 표출함으로써 공간을 활기차게 만든다면 상대에게 큰 용기가 될 것이니 노력할 가치는 충분하다.

하루종일 메모장을 가지고 다녀라. 매 시간마다 매장 점원, 가족, 동료 등과 했던 소통을 회상해보고, 당신이 각 대화에서 취했던 입장들을 확인해보라.

'나와 너'(단절)

'나와 그것'(분리, 당신 자신의 목표나 욕구에 초점을 맞춘 입장)

'나와 당신'(연관, 교류와 배려에 초점을 맞춘 입장)

'당신과 당신'(통합, 자연스러운 몰입의 상태)

당신이 다른 입장을 취했더라면 대화의 결과가 어떻게 달라졌을 지 생각하고 기록하라. 다른 결과를 얻기 위해 향후의 대화에서 는 다른 입장을 취하겠다는 목표를 설정하라.

신뢰하라

의미 있는 결과를 얻으려면 확신이 들지 않는다 해도 D-존 대화의 가치를 신뢰해야 한다. 이 대화에서 일어나는 여러 반응들은 당신과 상대 모두에게 불편함을 야기할 수 있다. "오, 맞아. 자네가 무슨 말을 하는지 알겠어."와 같은 작은 반응뿐 아니라 중요한 반문이나 질문을 던질 때에 도 상대로부터 다양한 반응들이 나올 수 있음을 명심하라. 상대가 당신의 반문과 질문을 받아들이기 거부하며 화를 낼지 모르니까 말이다.

다시 말해, 새로운 관점을 형성하는 데는 몇 초밖에 걸리지 않을 수 도 있지만 몇 분, 몇 시간, 심지어 며칠이 소요될 가능성도 있다. 상대가 자신의 뇌 속에 견고하게 버틴 벽을 무너뜨리고 새롭게 떠오르는 진실 을 수용하기까지는 시간이 걸리기 마련이다.

자기가 어떤 상황인지 전혀 알지 못한다고 내게 소리치던 의뢰인이 있었다. 며칠 후 그는 다시 나를 찾아와 이제 상황을 다르게 보게 됐다고 털어놓았다. 때때로 대화 상대는 본인에게 신념상의 변화가 일어났음을 말로 인정하지 않은 채 그냥 자신의 행동을 바꾸기도 한다. 나는 상대가 결과나 관계상의 변화를 경험하는 과정에서 좀더 깊은 깨달음에 이를 수 있다고 믿는다. 그리고 그래야만 당신과 상대는 '변화된 것'에 대해 이야기를 나눌 수 있다.

만일 당신이 D-존 대화를 신뢰하지 않는다면 당신은 효과가 그다지 지속되지 않는, 그저 쉽기만 한 해결책을 찾으려 할 것이다. 혹은 오로지 답을 얻기 위해 당신에게 의존하려 하고 자신에 대해서는 생각하고 싶어 하지 않는 상대의 습관을 오히려 강화할지도 모른다. 당신이 묵인한다면 상대의 결점이나 건설적이지 못한 행동을 지지한다는 잘못된 신호를 보낼 수도 있다. 당신이 굴복하면 당신과 상대방 모두가 패하고 만다.

이렇게 되지 않도록 주의해야 할 세 가지 함정이 있다. 당신의 불편함, 상대의 불편함에 대한 불안, 그리고 당신의 성급함이 그것이다.

✎ 당신의 불편함

우리의 뇌에는 선천적으로 늘 경계 태세를 취하는 자동 방어 메커니즘이 존재한다. 대화가 위험하거나 복잡하거나 감정적으로 불안하게 진행된다고 느껴지기 시작하면 심호흡을 하고 대화를 위해 당신이 설정한 감정적 의도를 상기하자.

내 의뢰인 중 하나는 직장에서 대부분의 사람들을 대할 때 똑 부러지고 솔직한 태도를 취했다. 그러나 새 직위에 오른 후부터는 중요한 문제를 해결해야 할 때조차도 자신을 만나려 하지 않는 사람이 있다고 내게 털어놓았다. 그 사람이 대화하자는 그녀의 요청을 수락하긴 하지만 바쁜 일이 있어서 나중에 다시 이야기하자며 취소하기를 밥 먹듯 한다는 것이다. 그러면서도 그녀를 다시 불러 이야기하는 경우는 한 번도 없었다. 그녀는 그의 되풀이되는 행동에 이의를 제기할 생각은 하지 못하고 그냥 문제 해결을 포기한다고 내게 말했다. 나는 그녀에게 물었다. "그 사람이 당신과 이야기하지 않으려는 이유가 무엇인지 알게 되는 게 두렵나요?" 그녀가 답했다. "저는 그 사람이 제 의견을 존중하지 않을까 봐 두려워요. 제겐 모든 것이 낯설기 때문에 그의 존중이 지금 당장 필요하거든요."

나의 질문은 그녀가 느끼는 공포 중에서 무엇이 진실이고 무엇이 추측인지에 관한 깊은 대화로 그녀를 이끌었다. 그녀는 그 사람과 회의 대신 점심식사를 함께하기로 했다. 서로에 대해 더 많이 알 필요가 있다고 느꼈기 때문이다. 점심식사를 하면서 그녀는 그에게 앞으로 문제가 발생할 때면 어떻게 말을 꺼내는 것이 좋을지 물었고, 결국 두 사람은 서로 일을 잘 수행할 수 있는 방법을 정하여 그것에 동의했다.

빈센트 반 고흐Vincent van Gogh는 이렇게 말했다, "사소한 감정이라도 그것이 우리 삶을 이끄는 캡틴임을 잊지 말자. 또한 우리가 깨달을 겨를 없이 그 캡틴에 복종한다는 것도 잊지 말자." 우리는 몸이 긴장하거나 호흡이 짧아진다 해도 그런 긴장을 완화하고 회복할 수 있음을 의식할 필요가 있다. 만약 상대가 당신과 함께 문제 해결에 집중할 준비가 안 됐다면, 일단 뒤로 물러났다가 나중에 질문을 던지거나 상대가 생각할 시간을 갖도록 다른 일정을 잡아서 대화해도 된다.

상대는 당신과 함께 D-존 대화를 할 아무런 준비가 안 되어 있을 수도 있다. 당신이 반복적으로 시도했지만 상대가 여전히 준비되지 않았다면 그에게 사실을 이야기해야 할지 모른다. 해결돼야 할 문제가 있는데도 상대가 당신과 해결책을 찾는 데 집중하지 않을 경우에는 그가 직면할 수 있는 결과가 무엇인지 이야기하라. 그렇다고 그를 위협하라는 것은 아니고, 그저 그가 관점을 바꾸지 않으면 어떤 일이 일어날지를 분명히 전하라는 뜻이다. 당신이 대화하려는 의도를 잊지 마라. 당신은 상대의 자발적인 생각을 돕기 위해 대화에 참여하는 것이다. 그가 자발적인 태도를 취하지 않는다면 다른 유형의 대화를 선택해도 된다. 하지만 상대가 당신에게 저항하는 것이 싫다고 해서 그를 옹호하며 얼렁뚱땅 넘어가는 식으로 대화의 판을 바꾸지는 마라.

❧ 상대의 불편함에 대한 불안

D-존 대화의 특성상 상대가 불편함을 느끼는 것은 당연하다. 당신이 질문을 던지거나 그가 경험하는 갈등의 현실을 드러낸다면 상대의 평정심은 흔들리기 마련이다. 비록 그 정도가 미미하더라도 말이다. 상대의 뇌가 현실을 새롭게 바라보려면 시간이 걸리기 마련이다. 만약 상대가 화제를 돌리지 않는다면 서로에게 불편한 침묵이 감돌 것이다. 어쩌면 그는 '왜 예전에는 이걸 느끼지 못했을까?'라는 생각에 당황스럽

고 슬픈 감정이 밀려들 뿐 아니라 급기야 분노까지 느낄지 모른다. 허를 찔린 듯한 느낌이 들 수도 있다.

이때 당신이 해야 할 일은 상대에게 새로운 인식이 생겨나는 동안 그가 어떤 감정을 경험하더라도 안전지대에 있다는 느낌을 갖도록 해주는 것이다. 대화의 의도를 떠올리고, 당신이 돕고자 한다는 목표를 기억하며, 당신 앞에 있는 사람의 뇌가 새롭게 배선配線되고 발전되는 광경을 지켜보고 있다고 여겨라. 얼마나 멋진 일인가? 상대에게서 근사한 마술이 진행된다고 생각해야 그의 반응에 말려드는 일을 피할 수 있다.

✎ 당신의 성급함

당신이 가장 극복해야 할 마지막 대상은 당신의 성급함이다. 대화 중에 긴 침묵이 이어진다 해도 대화가 자연스레 이어질 때까지 편안함을 느껴야 한다.

상대의 생각 중에서 무엇이 틀렸는지 정확히 안다고 해도 그대로 있어라. 그의 관점에서 무엇이 잘못됐는지 말해야 한다고 생각하는 순간, 당신은 무슨 질문을 던져야 할지 잊어버리고 말 것이다. 당신이 이야기하고 싶은 것에만 당신의 뇌가 초점을 맞춰버리면 상대에게 무엇이 잘못됐고 무엇을 해야 하는지를 말해준다 해도 그의 뇌는 그 말을 차단해버릴 것이다. 자신이 잘못했고 어리석었다고 느끼고 싶어 하는 사람은 아무도 없다. 그러므로 설사 상대가 당신의 말을 따른다 해도, 당신은 그의 생각을 발전시키거나 미래를 좀더 긍정적으로 느끼도록 만들지는 못할 것이다.

당신은 침묵의 순간을 참을 줄 알아야 한다. 앞서 언급했듯 침묵은 당신이 던진 반문이나 질문이 상대의 방어벽에 틈을 만들었다는 암시일 수도 있다. 뭔가 배움이 일어나는 것이다. 자신의 뇌가 상황을 재정의하기 위한 새로운 방법을 찾고 정보를 재결합하여 재해석하는 동안 상대는 마치 마비된 사람처럼 앉아 있을 것이다. 당신이 그 고요한 침묵을 그대로 둔다면 이러한 창조적인 과정은 자연스레 완성될 것이다.

당신은 아마 갓난아기에게서 이 과정이 벌어지는 광경을 목격한 적이 있을 것이다. 예전에 본 적 없는 행동을 당신이 행하면 아기는 입을 연 채 당신을 응시하고, 당신의 행동이 재미있는 것인지 무서운 것인지를 결정하고 난 뒤에야 반응을 하기 시작한다. 그다음에 어떤 일이 일어나느냐에 따라 아기는 자신의 정신적 '도서관'에 입고되는 새로운 경험 하나를 가지게 된다.

당신이 거슬리는 질문을 쏘아붙이면 어른도 똑같은 반응을 보인다. 상대는 아기처럼 당신을 응시할 것이다. 만약 새로운 통찰이 바로 떠오르지 않는다면 그는 자신이 무엇을 배우는지 이해하기 위해 뇌를 작동시키면서 바닥이나 손으로 시선을 향할지 모른다. 뇌의 배선이 달라져 새로운 의식이 형성되면 상대는 웃음을 짓거나 "아, 네, 저도 그렇게 하고 있어요."라고 말할 수도 있다. 피하고 싶은 민감한 주제를 당신이 건드리는 바람에 상대는 눈물을 보이거나, 혹은 자신의 결점을 지적당했다고 당신에게 화를 낼 수도 있으며, 오랫동안 줄곧 바보 같은 짓을 해왔음을 깨달으면서 안절부절할지 모른다.

이러한 과정이 마무리될 때까지 기다려라. 힘은 바로 그 순간에 발생하기 때문이다. 당신이 할 수 있는 최고의 행동은 인내하면서 상대의 뇌가 작동하도록 놔두는 것이다.

D-존 대화는 상호신뢰, 안전함, 상호존중이 존재한다는 확신하에 시작된다. 그래야 당신이 자신의 생각에 도전하려 해도 상대는 문제 해결의 돌파구가 생겨날 거라는 희망을 가지고 당신과의 대화를 지속할 수 있다. 대화하는 동안 상대가 감정을 표현한다면 '신뢰와 배려의 공간'을 유지하라. 상대의 뇌가 자신의 믿음과 신념을 자세히 살피는 동안 당신이 느낄 불편함과 성급함을 이겨낼 수 있는 방법을 알아두자. 이런 대화법이 당신의 리더십 스타일로 자리잡는다면 상대의 변화와 개인적 성장을 돕는 진정한 학습 환경이 구축될 것이다.

CHAPTER 2

핵심포인트

1. D-존 대화를 위해서는 상대의 머릿속으로 들어가야 하는데, 그러려면 먼저 그 사람이 당신을 신뢰하는 안전지대를 만들어야 한다.

2. 안전지대를 만들려면 네 가지 사항에 유념하라. 1)대화의 흐름을 잘 따라가고, 2)당신의 감정적 의도를 설정하고 유지하며, 3)당신과 상대방 간의 존중을 유지하고, 4)어떤 일이 생기든 D-존 대화의 가치를 신뢰해야 한다는 것이 그것이다.

3. 대화에 적극적으로 참여하고 몰입해야 당신 자신, 당신과 대화하는 상대, 당신과 그 사람 사이의 공간 안에서 어떤 일이 있어나는지 의식할 수 있다.

4. 신뢰 구축에 성공한다면 상대방과 대화할 때, 그리고 그 이후에도 당신의 의도는 상대에게 최고의 관심을 가지는 것임을 느끼게 해야 한다. 당신의 목적은 더 나은 자아를 상대에게 보여주는 것이지, 그의 문제를 고치거나 그를 다른 사람으로 변모시키는 것이 아니다.

5. 상대가 스스로 생각하는 것을 진정으로 돕기 위해 대화를 하는 것이라면 그가 스스로 자신의 생각을 가지도록 해야 한다. 마음을 열고 앞으로 어떤 일이 펼쳐질지 호기심을 가져라.

6. D-존 대화를 진행하려면 인간으로서 서로 존중하는 마음을 느껴

야 한다. 더 깊이 이해하고 정신적 변화를 이루려면 '나와 당신' 또는 '당신과 당신'의 입장을 유지해야 한다.

7. 의미 있는 결과를 얻으려면 확신이 생기지 않더라도 D-존 대화의 가치를 믿어야 한다. 만약 당신이 대화의 가치에 대한 믿음을 잃고 상대에게 무엇을 할지 말해주며 물러서거나 대화했던 자리를 뜬다면, 향후에 D-존 대화를 하려 할 때 부정적인 시각이 이곳저곳에서 느껴질지 모른다. 당신의 불편함, 상대의 불편에 대한 당신의 걱정, 당신의 성급함, 이 세 가지를 주의하라.

8. 상대의 침묵을 존중하라. 그는 지금 생각 중이니까.

DISCOMFORT ZONE

3.

대화의
지도와
이정표

"더 크게 자라게 함으로써 금을 얻지는 못한다. 금이 아닌 것들을
모두 씻어냄으로써 금을 얻는 것이다. 진실도 마찬가지다."
_레오 톨스토이Leo Tolstoy, 『인생 일기Tolstoy's Diaries』

내가 코칭을 할 때 종종 던지는 질문이 있으니, 바로 "그게 진실인지 당
신이 어떻게 알죠?"가 그것이다. 사람들은 우주의 절대적 법칙이 아니
라 자신들의 개인적 인식을 통해 답을 하곤 한다. 우리 각자는 자신의
기억 안에 저장된 무언가로부터 현실에 관한 나름의 모델을 형성하고
있다. 심지어 물리적 세계에 관한 '실제 사실'들도 과거에는 학자들 사이
에서 큰 논쟁이 되곤 했으니 말이다.

철학, 생물학, 심리학 등에서 제시되는 수백 가지 모델과 이론들은
저마다 인간이 사물을 인식하는 방법을 설명하지만, 그것들은 모두 '사
회적 현실'이 주관적일 수밖에 없음을 이야기하고 있다. 지금으로부터
2,400년 전 플라톤은 자신의 대화록 『테아이테토스Theaetetus』에서 '지식

은 정당화된 진실한 믿음'이라고 정의한 바 있다. 다시 말해 우리는 교육, 과거의 경험, 그리고 미래에는 발생하리라는 희망에 기반하여 우리가 믿는 것들을 진실로 만들려고 한다.

현실에 대해 주관적인 감각을 가지는 것의 미덕은 관점이 확대되고 변화될 수 있다는 데 있다. 즉, '드러내고, 확대하고, 그들이 진실이라 믿는 것들을 고치는 것'인데, 이것은 또한 D-존의 목적이기도 하다.

그렇다고 사람들에게 당신의 관점을 쉽게 납득시킬 수 있다는 의미는 아니다. 함께 일하는 사람들에 비해 현실에 대한 당신의 관점이 다르기 때문에 그들의 관점을 당신의 것과 일치시킨다는 것은 어쩌면 불가능한 일이다. 그리고 대화의 의도 또한 그런 데 있는 것이 아니다. 성장과 발전을 위해 드러내고, 확대하고, 그들이 진실이라 믿는 것을 고치는 것이 대화의 의도임을 명심하자.

상대를 위해 현실을 정의하려고 애쓰지 마라. 그의 재빠른 뇌를 놀라게 하고, 생각의 구조를 해체하는 질문을 하고, 진부한 합리화로 단단히 뭉친 '거짓 진실'들을 깨뜨리는 반문을 던져라. 이것이야말로 상대가 자신에 대해 더 깊이 성찰하도록 돕는 방법이다. 대화의 끝에 이르렀을 때 상대는 당신이 알려준 지식이 아니라 당신이 던진 질문 때문에 당신을 더 존경하게 될 것이다.

이 장에서는 D-존을 이용한 코칭으로 상대가 자신의 관점을 확대할 수 있게 만드는 과정을 다룬다. 이 과정은 어려운 상황에서 브레인스토밍을 통해 문제를 해결하는 방법에 관한 것이 아니라, 상황을 다르게 인식함으로써 더욱 지속 가능한 해결책이나 유용한 깨달음이 생겨

나도록 의식을 확대하는 과정이다.

DREAM: 같이 꿈꾸는 방법

창조의 상태를 경험하는 래퍼의 뇌에서 어느 부위가 활성화되고 어느
부위가 휴면에 들어가는지에 관한 연구를 앞 장에서 언급한 바 있다.
래퍼는 노래의 첫 가사와 끝 가사를 의식적으로 준비했지만, 프리스타
일로 이어지자 뇌의 부위 중에서 검열하고 교정하는 부위가 비활성화
되면서 이미지, 아이디어, 감각들이 무의식에서 의식으로 자유롭게 흘
러갔다. 이 현상은 우리가 꿈을 꿀 때와 비슷한데, 코칭을 위해 D-존을
사용할 때도 이와 유사한 과정을 만들어야 한다.

대화는 어떤 의도하에서 시작되어야 하고, 의도를 명확히 한 다음
에 종료돼야 한다. 대화를 시작할 때는 대화의 결과 중에서 가장 유익
한 것이 무엇일지 상대로 하여금 결정하게 해야 한다. 문제에 관한 상대
의 관점이 명확해지도록 도와야 하기 때문에 이것을 결정하는 데는 시
간이 소요될 가능성이 있다. 또한 대화를 종료할 때면 상대는 다음에
해야 할 계획을 정해야 한다.

대화를 진행하는 동안에는 상황을 바라보는 새로운 시각이 생겨나
고 진전이 이루어졌다는 느낌이 들 때까지 어떤 것들이 상대의 말, 신
념, 욕구, 두려움의 기저를 이루는지 곰곰이 생각하며 탐색해야 한다.
대화는 부자연스럽게 이루어질 수도 있고 확실한 행동계획이 없는 상태

에서 끝날 수도 있지만, 상대가 상황을 평가하는 새로운 인식과 관점을 가지게 될 것임을 믿어 의심치 마라.

이러한 활동들은 다섯 가지로 요약할 수 있는데 각각의 앞 글자를 따서 DREAM이라고 부르자.*

D(Determine) : 상대가 대화에서 무엇을 바라는지 결정하라.

R(Reflect) : 경험, 신념, 표출된 감정을 되비춰주라.

E(Explore) : 맹점과 저항의 근원이 무엇인지 탐색하라.

A(Acknowledge) : 새로운 인식을 확실히 표현하게 하라.

M(Make sure) : 향후 계획이나 과제가 무엇인지 확인하라.

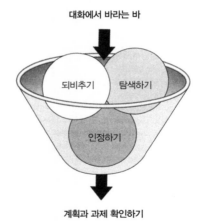

_____

* DREAM 프로세스의 기초를 잡는 데 도움을 준 D. J. 미치D. J. Mitsch와 피라미드 리소스 그룹 Pyramid Resource Group에게 특별히 감사한다. 그들이 전 세계의 코치들을 가르칠 때 사용하는 딥다 이브Deep Dive 모델은 생각의 돌파구를 만들 때면 반드시 주의를 기울여야 할 주요 요소가 바로 이 야기와 진실임을 알려주었다.

이러한 흐름은 억지스럽지 않고 자연스럽게 진행돼야 한다. 특히 당신이 대화에 깊숙이 뛰어들어 비체계적이고 자유로운 방식으로 반문하고, 탐색하고, 인정한다면 더욱 그렇다. 당신이 던지는 질문과 반문들 덕분에 진전이 이루어진다는 느낌이 들게끔 하자.

다음 장에서 우리는 상대가 진실이라고 정당화한 신념의 구성요소들을 탐색하고 그것에 도전하며 그것을 수정하는 과정에서, 당신이 질문하고 말해줘야 할 것들을 결정하려면 '경청해야 한다'는 점과 이를 위한 방법을 배울 것이다.

D(Determine) : 상대가 대화에서 무엇을 바라는지 결정하라

최근에 한 여성과 코칭을 위한 대화를 진행한 적이 있다. 그녀는 모두가 동의할 만한 확고한 행동계획을 수립하기 위해 구성된 프로젝트팀의 리더 두 명이 잘 지내도록 만드는 것이 자신의 목표라고 하며, 행동계획 수립에 관해 자기가 할 수 있는 일들을 쭉 열거하기 시작했다. 그때부터 내 흥미는 뚝 떨어졌다. 물론 나는 그녀가 팀 업무를 원활히 수행하도록 도울 수 있었지만 그건 그녀 혼자서도 잘해낼 수 있으리라 생각했고, 그래서 이렇게 말했다. "당신은 이미 팀을 위해 할 수 있는 일이 뭔지 잘 아는 것 같네요. 그런데 당신이 원하는 프로젝트 결과를 얻기 위해 해결해야 할 진짜 고충은 뭔가요?"

그녀는 망설이며 대답했다. "저는 그냥 두 사람이 효율적으로 일하고 몇몇 사안에 대해서는 서로 합의를 하면 좋겠어요. 그들은 각각 양극단을 고수하면서 꼼짝하질 않아요. 하지만 시간은 계속 흐르고 있으니 프로젝트도 점점 위험해지고 있죠. 어떻게 해야 그 둘을 서로 화해시킬 수 있을까요?"

그녀의 불안감이 내게도 느껴졌다. 나는 물었다. "당신은 프로젝트 결과에 어느 정도의 책임이 있나요?"

"제 직무 역시 위태로워질 수 있겠죠. 하지만 그 사람들이 제게 보고를 하지 않으니 그들에게 업무 지시도 내릴 수가 없어요. 그들이 저를 무시하는 건 아닐까요?"

"당신은 행동계획을 수립해야 한다는 위급함에 비해 그들의 갈등은 별것 아니라고 여기는 것 같은데요? 그래서 그들에게 냉정하게 말하고 싶지만 그 둘이 동의하지 않거나 심할 경우 당신을 무시할까봐 두려워하는 게 아닐까 싶습니다."

"맞아요. 하지만 그들이 제게 어떤 반응을 보일지 정말 모르겠어요."

"당신이 그들에게 솔직하게 말하지 않는다면 어떤 결과가 생길 수 있을까요?"

"지금은 뭐라도 일어나야 해요. 안 그러면 우리 모두의 일자리가 위태로워질 테니까요."

"그렇다면 당신의 목표는 먼저 현 상황을 직면하기 위해 두려움을 어떻게 극복해야 할지 그 방법을 찾는 것 같아요. 맞나요? 그러면 행동계획을 만드는 데 있어 그 두 사람이 협력하게 만드는 방법도 우리 둘이 탐색해볼 수 있겠네요."

"사실 그들이 뭘 해야 하는지는 제가 잘 알고 있는 것 같아요. 제가 그냥 그들에게 말하면 되죠." 그녀의 결심은 대화를 시작할 때에 비해 훨씬 강해졌다. 그후 우리의 대화는 그녀가 공포를 극복하고 그 둘에게 자신의 해결책을 담대히 이야기하게 한다는, 새로이 정의된 결과를 위한 방향으로 이어졌다.

문제에 대한 새로운 해결책은 종종 상대가 정말로 원하는 것이 무엇인지를 알아낼 때 발견되곤 한다. 예를 들어, 의사결정을 내리겠다는 목표를 가지고 대화에 임하는 사람의 진짜 문제는 '결정을 내리기가 두렵다'는 것이다. 회사를 그만두고 싶거나 프로젝트를 거절하고 싶지만 죄책감 때문에 이러지도 저러지도 못하는 경우가 바로 그 예다. 사실 상대가 얻고자 하는 결과는 결정을 내리는 것이 아니라, 자신이 바라는 대로 행동하는 것이다. 그러므로 당신이 진짜 문제를 발견하고 싶다면 대화를 통해 상대가 얻고 싶어 하는 결과가 무엇인지 캐내려고 노력해야 한다. 자신을 진짜로 화나게 만드는 것은 자기 경력의 방향인데도 '압박감을 느끼지 않겠다'는 것이 목표라고 말하는 사람도 있었다. 만약 그가 처음에 말한 것(압박감을 느끼지 않겠다는)을 대화의 목표라 여긴다면 당신은 시간관리에 해결책의 초점을 맞출 것이다. 하지만 그 사람은 자신의 미래를 전망하는 데 당신의 도움을 필요로 하는 것이다. 그가 무엇을 원하는지, 경력 선택에 있어 무엇이 두려운지, 자신에게 무엇이 부족한지, 무엇이 충족되지 않아서 자신의 부정적 감정을 자극하는지 더 깊게 파고든다면 대화의 흐름은 더욱 의미가 있을 것이고 해결책도 더욱 분명해질 것이다.

　사람들은 종종 자기가 무엇을 진짜로 원하는지 혹은 무엇을 말하기가 두려운지 확신하지 못한다. 당신의 역할은 그들이 정말 원하는 것을 분명히 말하도록 돕는 것이다. 그들의 진짜 욕구가 분명해야 그들이 취해야 하는 행동이 더 쉬워지는 법이다.

　특별한 목표 없이 대화를 시작하는 경우가 있다. 상대는 비즈니스 미팅에서 무엇을 해야 할지, 동료들과 어떻게 관계를 쌓을지 등의 주제만을 가지고 대화에 임할지 모른다. 만약 그렇다면 "우리가 이 주제에 대해 이야기하면 당신은 무엇을 더 쉽게 발견할 수 있나요?" 혹은 "이런 주제를 이야기하고 싶어진 계기는 무엇인가요?"라는 질문을 상대에게 던져서 적어도 대화의 예비 목표는 정하도록 그를 채근할 필요가 있다. "오늘은 어떤 얘기를 하고 싶나요?"라는 질문은 무의미하다. 이렇게 일반적인 질문은 대화를 시작하게 만들긴 하나 명확하고 확실한 결과를 보장하지는 못하기 때문이다.

　상대는 당신에게 왜 자신이 당신과 토론하길 원하는지 설명하고 그에 따른 배경을 이야기해야 한다. 특히 그 사람의 문제가 감정적으로 부담스러운 것이라면 더욱 그렇다. 그가 이야기에서 벗어나지 않게 하려면 어디에서 그런 감정이 촉발되었는지 경청하고, 당신이 감지한 바를 말해주고, 현재의 딜레마와 어떻게 연관되는지를 물어라. 상대가 현재 원하는 바를 얻지 못하게 막는 것들이 무엇인지 이해하려면 당신의 관심이 어느 정도는 필요할지 모른다. 하지만 그 패턴이 분명해지면 곧바로 그가 정말 원하는 것을 명확히 하기 위한 대화로 전환하라.

마지막으로, 자신이 원하는 결과가 분명하다고 생각하는 사람을 코칭하면 해야 할 일이 한 단계 경감된다고 생각할 수도 있겠지만, 대화로 해결 방안을 탐색하는 동안 상대는 더 깊은 대화를 회피하기 위해 미숙한 해결책을 제시할 가능성도 있음을 기억하라. 만약 상대가 "뭘 해야 할지 모르겠어요."라는 말을 하다가 "알겠어요. 다음 단계로 넘어가죠."라며 피하는 듯한 모습을 보이면 그 즉시 대화를 멈추고, 당신이 어떤 느낌을 받았는지 그에게 이야기하라. 그리고 이렇게 물어라. "솔직히 말해서, 당신의 계획으로 문제를 해결하고 최종적으로 결과를 성취할 수 있으리라 믿나요?" 만일 자신의 해결책이 통하지 않는 경우가 있음을 깨닫는다면 상대는 기꺼이 진짜 문제의 근원이 무엇인지를 더 탐색하려 할 것이다. 그렇게 되면 그가 원하는 결과는 다른 것으로 바뀔 수 있다.

제기된 문제를 해결하기 위해 사람들이 각자 정말로 원하는 것이 무엇인지 파악하라. 그렇게 해야 당신과 상대는 대화를 진전시킬 수 있다.

R (Reflect) : 경험, 신념, 표출된 감정을 되비춰주라

배우자 혹은 파트너와 과거의 일로 언쟁을 벌인 적이 있는가? 이런 말 싸움은 시간 낭비일 뿐이다. 어제의 일이든 몇 년 전의 일이든 당신은 그 사건의 세세한 면들을 모두 기억하지 못한다. 사진처럼 뚜렷하게 사건을 떠올릴 정도로 경이적인 기억력을 가진 사람은 거의 없다. 우리 대부분은 들어맞지 않는 기억의 조각들을 대충 끼워 맞춰 하나의 이야기로 종합해서 과거의 장면을 떠올린다.

여러 생물학적인 이유 덕분에 과거의 사건에 대한 이야기는 절대 완벽한 진실이 될 수 없다. 당신은 자신이 경험한 것들 중 몇몇 부분만을 기억할 뿐이고, 따라서 당신이 과거 사건을 회상한다면 그것은 자신만의 방향으로 이야기의 세부사항을 만드는 것이라 말할 수 있다. 당신이 경험한 교육과 경험, 당신이 지닌 가치와 신념, 선입견과 편견, 두려움과 욕구들이 함께 섞여 들어가기 때문에 당신이 구성한 과거의 이야기는 당신만의 유일한 버전일 수밖에 없다. 게다가 당신은 매일 새로운 것들을 습득하기 때문에 과거의 사건을 회상할 때마다 이야기는 바뀐다.

하지만 우리는 이야기들이 고정되고 정확한 것처럼 여기고 그것들을 기반으로 삶을 살아간다. 당신의 모든 이야기들은 당신이 현실이라고 믿는 풍경 혹은 '나'를 중심으로 한 세상을 그려간다. 『스토리텔링 애니멀The Storytelling Animal』의 저자 조너선 갓셜Jonathan Gottschall은 "이야기는 너무나 전능해서 우리는 그것이 어떻게 우리의 삶을 형성하는지 거의 의식하지 못한다."라고 말했다.* 당신은 자신이 떠올리는 이야기를 기반으로 복잡한 사회를 헤쳐 나간다. 이것이 우리가 살아가는 방법이다.

이런 사실은 당신이나 나나 각자의 '세계 지도'를 가지고 있음을 뜻한다. 나는 내 지도가 당신의 것보다 더 옳다고 당신을 믿게 만들 수는 없고, 그것은 당신도 마찬가지다.

그러나 당신은 타인이 자기의 지도를 확대하고 바꾸도록 자극하는 질문을 던질 수는 있다. 만약 그 질문이 잘 받아들여져서 더 큰 지도가 만들어지면 새로운 아이디어가 그 지도에 나타날 것이다. 상대가 가진 현재의 지도와 맞지 않는 모순, 위험, 기회를 밝히기 위해 당신이 그것을 되비춰주고 질문을 던진다면, 그는 세부사항들을 수정함으로써 자신의 이야기가 의미를 갖추게 할 것이다.

이를 위한 첫 번째 단계는 상대의 상황에 관한 이야기를 경청하는 것이다. 당신은 상대의 관점을 전적으로 이해해야 한다. 그냥 그 사람의 말을 듣는 것이 아닌, 그 이상으로 귀를 기울여야 상대의 이야기에서 다음과 같은 사항들을 알아낼 수 있을 것이다.

그가 가장 중요하게 생각하는 것은 무엇인가?
무엇이 그에게 좌절, 두려움, 당황스러움을 유발시키는가?
어떠한 가정(혹은 편견)과 신념이 그의 인식을 왜곡하거나 제한하는가?

* Jonathan Gottschall, *The Storytelling Animal: How Stories Make Us Human*, Houghton Mifflin Harcourt, 2012.

가능성이나 정확성 여부를 떠나 그는 솔직히 무엇을 바라는가?

상대의 논리를 들었다면 곧바로 그 사람의 신념을 규명하기 위한 질문을 던져라. 그래야 당신과 상대 모두 그 신념이 이야기에 어떤 영향을 미치는지 알 수 있다.

[예시] 되비추기

나는 다른 회사로 인수될 예정인 모 사업부의 부사장을 코칭한 적이 있다. 그녀의 고민은 인수 과정에 필요한 보고서 기한을 맞추지 않는 어느 관리자에게 어떻게 대화를 해야 할지 모르겠다는 것이었다. 동료들의 말에 따르면 그 관리자는 회의 시간마다 매우 부정적인 모습을 보였다. 내 의뢰인은 왜 보고서를 쓰지 않는지, 왜 동료들을 거칠게 대하는지, 인수 과정을 함께하려면 무엇을 해야 하는지를 그 관리자가 깨닫게 하기 위해 지금까지 했던 모든 것들을 세세하게 열거했다. 그 관리자는 매번 핑계를 대면서도 바꾸려는 시도는 거의 하지 않았다. 내 의뢰인은 인수합병 작업을 계기로 그 관리자의 업무능력이 부족하고 문제가 있음이 드러나자 그가 그것을 숨기려고 그러는 것 같다고 말했다. 나는 의뢰인에게 물었다. "이 상황을 개선하기 위해 무엇을 하셨나요?"

그녀는 잠시 침묵하다가 한숨을 쉬며 이렇게 말했다. "제가 해야 할 일을 하지 않았군요. 그를 내보내는 것 말이죠."

"그 관리자를 내보내면 어떤 문제가 생길까요?" 내가 물었다.

"솔직히 말해, 인수 기업 측은 내가 힘든 결정을 잘하는지 못하는지 보려고 해요. 그리고 제가 제대로 된 팀만을 데리고 인수되길 원하죠."

"그렇다면 아무 문제 없겠는데요?"

"제가 이 상황을 호전시킬 수 있어야 하지 않나요? 인수 과정에서 한 사람을 버린다면 저는 나쁜 리더잖습니까? 불행히도 지금은 아니지만, 그 관리자와 저는 친구 사이였어요."

"하지만 당신은 그를 내보내야 좋은 리더로 인정받을 거라고 말하지 않았나요? 당신이 그를 해고하는 결정을 내린다면 당신에게 진짜로 문제가 되는 것이 무엇이죠?"

"제 자신이 완벽하다는 이미지는 어떻게 될까요? 아니면 팀원들을 친구로 생각하는 제 성향은요?"

"둘 다 문제가 될 수 있겠네요. 하나를 택해서 오늘 그것에 대해 함께 이야기해보죠." 의뢰인의 역할과 리더십의 의미를 새로 정의하면서 우리의 대화는 효과적으로 마무리됐다. 그녀는 바로 그 주에 힘든 결정을 내렸다.

명심해야 할 것은 당신이 구성한 이야기에 기반하여 상황을 판단하지는 말아야 한다는 점이다. 상대가 주제에서 벗어나는 것 같아도 당신은 그의 해석에 마음을 열어야 한다. 당신이 상대의 이야기를 '콕 찌를 수 있게(nudge)' 하려면 그 사람으로 하여금 당신이 자신의 말을 경청하고 있음을 느끼게 해야 한다.

자신의 말이 경청된다는 점을 확신시키려면 상대의 말을 요약하기, 다른 말로 바꿔 표현하기, 확인을 위한 질문 던지기 등과 같은 '되비추기(Reflection)' 기법을 써야 한다. 그래야 상대는 더 구체적인 내용을 공유할 것이고, 당신은 그의 관점을 완전히 이해할 수 있을 것이며, 상대가 자신의 이야기를 어떻게 바라보는지도 명확히 할 수 있다. 때때로 자신의 생각을 명확히 깨닫도록 돕기만 해도 상대는 무엇이 더 가능한지를 알게 된다. 상대의 말을 요약하고 다른 말로 바꿔 표현하는 것은 그가 배경을 설명하는 도중 길을 잃을 때 특히 유용한 방법이다. 대화를 바르게 유지하도록 하기 때문이다.

상대의 관점을 발견하려고 시도하면서 그 사람의 노력과 의도를 인정해줘야 한다는 점을 명심하라. 당신이 진심으로 상대에게 "최고의 리더가 되려고 노력한다는 것을 저도 알아요." 혹은 "당신은 이 프로젝트에서 좋은 결과를 얻기 위해 전념하고 있다는 말을 해주고 싶어요."라고 말해야 상대가 자신의 속내를 드러내도록 유도할 수 있다. 대부분의 사람들은 자기가 안다고 생각하는 것들에 최선을 다하곤 한다. 당신도 그것을 안다고 그들에게 말하라. 그러면 당신이 그들의 좋은 의도를 이해한다는 것을 보여줄 수 있다. 더 알아야 할 것들이 있는지를 찾기 위해 그들은 더욱 마음을 열 것이다.

효과가 좋은 또 하나의 되비추기 기법은 '미러링mirroring'이다. 글자 그대로 상대의 생각과 감정적 과정이 어떻게 작동하는지를 되비춰주는 미러링은 상대의 표현을 사용하고 그의 현재 감정을 확인하면서 그 사람이 언급한 핵심 아이디어의 의견들을 그에게 다시 반복해서 말해주는 방법이다. 미러링으로 상대의 말을 반복해주면 그 사람은 자기가 자신이 겪은 사건들에 어떤 의미를 부여하고 있는지, 또 어떻게 자신의 결정 혹은 '결정 장애'를 합리화하는지 깨달을 수 있다.

미러링을 할 때 당신의 목소리 톤은 상대에게 위협적이면 안 된다. 상대의 용기를 북돋우면서 호기심이 가득한 톤으로 이야기하라. 상대의 면전에 아무 말이나 되던져주어서는 곤란하다. 미러링이란 상대에게 자신의 말을 타인의 목소리로 다시 들을 수 있는 기회를 주는 것이다. 미러링을 하려면 이렇게 말하라. "그것이 발생하는 이유가 이것이것이라는 말이군요." 혹은 "말하면서 굉장히 화가 났군요." 미러링 중에는 상대의 말과 표현에 대한 해석을 덧붙이지 말고 당신의 의견, 판단, 분석도 멀리하라.

미러링을 하면 뇌에게 스스로 질문할 기회가 생긴다. 당신의 역할은 상대가 더 넓게 보도록 그의 뇌를 일깨우는 것이다. 상대에게 필요한 것이 오로지 자신의 생각, 반응, 행동들을 검토한 후에 자신의 관점을 전환시키는 것이라면, 당신은 그의 동기를 더 이상 탐지할 필요가 없을 수도 있다.

되비추기와 관련하여 마지막으로 하고 싶은 말이 있다. 상대의 이야기를 판단하려는 욕구를 억제함과 동시에 그를 당신의 관점이나 제안으로 이끌지 않도록 한 발짝 물러서 있어야 한다는 것이 그것이다. "~을 해보겠다고 생각한 적이 있나요?" "~을 하기 위해 노력해봤나요?" 또는 "당신은 왜 ~을 했나요?"와 같은 질문들은 지양하라. 대신 '누가, 무엇을, 어떻게, 언제' 등의 의문사를 활용하여 질문해야 한다. 친구의 이야기가 궁금해서 그것을 듣기 위해 그 자리에 느긋하게 앉아 있다고 생각하고, 결코 당신의 관점이나 해결책을 주입하기 위함이 아님을 기억하라.

E(Explore) : 맹점과 저항의 근원이 무엇인지 탐색하라

원하는 결과 및 그것의 달성에 방해가 되는 것을 중심으로 상대의 이야기가 명확해지면, 이제 그 이야기를 형성한 요소들이 무엇인지 탐색할 차례다. 이러한 탐색에는 다음과 같은 목적이 있다.

사건과 행동에 대한 상대의 설명에 등장하는 추측들 중에서 무엇이 사실인지 파악하라.
상대의 가정 뒤에 있는 미신을 드러내라.
감정을 촉발시키는 '충족되지 않은 기대'나 '개인적 욕구'를 밝혀라.
익숙하지만 답답하기도 한, 자아와 현실의 보호벽을 무너뜨려라.
부러움, 후회, 실망, 두려움 아래에 묻힌 가능성을 발견하라.

어쩌면 당신의 질문에 감정이 섞여들 수도 있지만, 당신이 안전지대를 형성하고 대화의 의도를 분명히 전달했다면 상대의 입장에선 구름이 걷히고 시각이 더욱 넓어질 것이다.

　지금부터 어떤 상황이 벌어질 수 있는지, 어떤 유형의 질문을 던질 수 있는지 사례를 통해 알아보자. 이것은 유기적인 과정이다. 질문들을 목록으로 정리한다 해도 그것들을 모두 기억할 수는 없거니와 당신이 기대하는 효과를 얻을 것이라 보장할 수도 없다. 상대가 당신에게 전하는 말들, 상대가 생략하고 넘어간다고 느껴지는 것들, 상대의 감정을 촉발시키고 행동을 일으킨다고 느껴지는 것들에 근거하여 질문을 구성하라. 당신의 느낌이 틀릴 수도 있겠지만, 그럼에도 당신이 던지는 질문은 상대로 하여금 자신을 이해하도록 만들 것이다.

　요컨대, 전체 이야기가 펼쳐진 후에 상대의 관점을 형성한 신념, 가정, 욕구, 두려움이 무엇인지 탐색하라. 그의 뇌가 그의 말을 수정하려 들지 않는다면 그가 하고 싶어하는 것들을 표현하도록 도와라. 상대의 맹점이 완전히 숨겨져 있었다면 그는 처음으로 그것을 알아차리고 충격을 받을지 모른다. 혹 당신이 쉽게 걷어낼 수 있을 만큼 그의 맹점이 약간만 가려져 있는 상태였다면 상대는 이토록 너무나 분명한 것들을 왜 전에는 알아차리지 못했나 하는 짜증과 슬픔에 휩싸일 수도 있다.

　왜 상대의 뇌가 특정 방식으로 상황에 집중하고 해석하는지는 당신이 알 필요가 없다. 사실 '왜Why'라는 단어로 시작하는 질문은 대개 위협으로 느껴져서 상대의 방어 심리를 유도한다. 그렇기에 "그것이 사실이라는 걸 어떻게 알았나요?" 혹은 "일어날지 모른다고 당신이 두려워하는 일들 중 절대적으로 진실인 건 무엇일까요?" 또는 "다음 단계로 넘어가지 못하게 당신을 막는 것은 무엇인가요?"와 같은 질문을 하는 것이 훨씬 좋다. 이에 대한 대답을 하면서 상대는 자연스레 자신의 신념과 편견을 인식하게 될 것이다.

[예시] 진실 탐색하기

은퇴를 앞둔 모 정부기관의 리더 A는 내게 자기 팀의 코칭을 부탁하면서, 팀원들이 새로 임명될 리더와 잘 지낼 수 있을지 알아봐달라고 말했다. 의뢰를 받고 내가 처음으로 했던 일은 각 팀원들을 인터뷰하며 팀 분위기가 어떤지 묻는 것이었다. 팀원들은 제각기 상황이 얼마나 안 좋은가에 대해 이야기했다. 하지만 이사회로서는 현재의 리더만큼 좋은 리더를 새로 임명할 뾰족한 방법이 없었다. 팀원들 중 하나는 은퇴를 계획 중이었고, 다른 한 명은 모든 프로젝트를 보류한 상태였으며, 또 다른 사람은 다른 직장을 구할 예정이라고 귀띔했고, 나머지 팀원들도 대개 다르지 않았다. 나는 팀원들과의 인터뷰를 모두 끝낸 뒤 말했다. "제가 듣기에 여러분은 A의 은퇴로 무척 상심이 크고, 새 리더가 오면 어떤 일이 벌어질지 두려워하고 있는 것 같습니다. 리더 임명 결정에 아무 권한이 없으니 무력감을 느끼는 듯 싶은데, 충분히 이해가 갑니다. 이사회가 좋은 결정을 내리진 않을 거라며 별 기대를 하지 않고 있다는 점도 이해할 수 있고요. 그런데 전 이

걸 묻고 싶습니다. 저와 어떤 이야기를 나눴든 간에 지금 절대적인 사실은 무엇인가요?"

팀원들은 모두 어린아이같이 잘 모르겠다는 표정을 지었다. 한 사람이 말했다. "우리가 아는 사실은 존(의뢰인 A의 이름)이 조직을 떠난다는 거죠."

"맞아요." 내가 말했다. "불행히도 여러분은 앞으로 어떤 일이 일어날지 알지 못합니다. 하지만 존이 떠난다는 게 기정사실이라면 자신이나 조직을 위해서 여러분이 해야 할 일은 무엇이라고 생각합니까?"

인사팀장이 대답했다. "저는 우리가 승계계획succession plan을 강화하면 누가 리더가 되더라도 잘 견뎌낼 수 있다고 생각합니다." 팀원들은 그 말에 전적으로 동의했다. 자신들이 추구해야 할 새로운 목표를 설정하게 된 것이다.

'무엇What'이란 의문사로 시작되는 질문은 탐색 시에 유용하다. 이런 유의 질문들이 어떻게 대화의 질을 높이는지 주목해보자. "당신에게 위태로운 것은 무엇입니까?" "사람들을 그렇게 행동하게 만드는 것이 무엇이라고 생각하나요?" "일어날 거라 기대했는데 일어나지 않은 일들은 무엇인가요?" "당신에게 좋으려면 어떤 일이 일어날 필요가 있습니까?" "당신이 진짜로 가능하다고 믿는 것은 무엇인가요?" "절대로 일어나지 않을 일은 무엇입니까?"

'당신은 ~합니까(Are you~?)'라는 식의 질문 역시 상대가 어떤 방식으로 결정에 의존하는지를 파악하는 데 쓸모가 있다. 비록 '네' 혹은 '아니요'의 대답만을 얻는다는 제한이 있긴 하지만, 이런 유의 질문들은 상대가 이미 결정했음에도 실행에 옮길 의지가 없는 것들을 확인할 수 있기 때문이다. "이러한 도전에 맞설 의지가 있나요?" "옳은 일을 한다는 확신이 든다면 어떠한 반발에도 굴하지 않을 수 있습니까?" "완벽하지 않은 자신을 용서하고 그다음으로 해야 할 일을 기꺼이 찾을 의지가 있나요?" 이런 직설적인 질문들은 상대로 하여금 망설이지 않고 무엇을 할지 혹은 하지 않을지 등 보다 구체적인 계획을 세울 수 있게 한다.

[예시] 두려움 탐색하기

어느 대규모 인쇄공장의 소유주는 몇 개월간 회사 매각을 준비 중이었다. 그런데 매각 제안일이 가까워지면서 수정해야 할 사항들이 계속 쏟아지자 그는 나와의 미팅을 연기하자고 요청해왔다. 나는 5분만 이야기하자고 제의했다. 우선 나는 지난달에 일어난 사건을 그에게 상기시키며 이렇게 말했다. "아무도 당신이 회사를 매각해야 한다고 말하지 않습니다. 당신이 원한다면 매각하지 않기로 결정할 수 있어요. 제가 만약 '판다'와 '안 판다' 두 가지 옵션 중 하나를 당신에게 내놓는다면 어느 쪽이 당신의 기분을 나쁘게 만들까요?" 그는 회사를 '판다'고 생각하면 슬프다고 답했고, 나는 다시 물었다. "당신이 두려워하는 손실은 무엇인가요?" 그는 가족 같은 직원들을 두고 떠나기가 쉽지 않다고 말했다. "당신은 그런 손실을 감수할 의지가 있나요?" 그는 직원들을 잃고 싶지 않지만 팔지 않겠다고 말하면 직원들이 당황스러워할 것 같다고 답했다. "어느 쪽이 안 좋을까요? 큰 의사결정을 철회했다고 사람들이 비웃는 쪽일까요, 아니면 이제는 직원들을 볼 수 없다는 쪽일까요?" 결국 그는 회사를 팔지 않는 데 도움을 준 내게 고맙다는 말을 전했다.

상대가 조심스러운 편인지 리스크를 감수하는 편인지, 외향적인지 아니면 내성적인지 등과 같이 그가 보이는 성격적 특성을 기반으로 당신의 관점이 형성되는 것을 경계하라. 상대가 지닌 '세계 지도'를 판단하려 하지 말고, 상대가 어떤 가능성을 놓치고 있는지를 그와 함께 관찰하고 탐색하는 데 집중하자.

명심하라. 당신은 상대를 바로잡거나 납득시키려고, 혹은 잘못되게 만들려고 마주앉아 대화를 하는 것이 아니다. 무엇이 진실이고 진짜여야 하는지를 평가하려는 함정에 빠지지 마라.

어쩌면 당신은 질문을 던지기 전에 상대를 경각시키기 위해 당신이 관찰한 바를 직설적인 문장으로 이야기할지 모른다. 하지만 당신이 감지한 것이 상대가 느끼는 감정의 진짜 근원일까? 상대에게 당신이 감지한 것을 이야기하고 그게 사실인지 물어라. 또 상대가 원하는 것과 하려 하지 않는 것 사이에 어떤 모순이 있는지 파악하라. 당신이 파악한 모순을 그에게 말해주고 반응을 기다려라. 분명 본인이 내린 결정임에도 그가 인정하지 않는 것은 무엇인가? 당신이 생각하기에 상대가 이미 결정한 것들을 그에게 말해주고, 그다음 그것의 진실 여부를 그가 대답하게 하자. 포기하거나 뭔가를 잃게 될 상황일 때 상대가 무엇을 두려워하는지 알아내라. 상대가 무엇을 망설이는지에 대한 당신의 생각을 말하고, 그가 앞으로 나아가는 데 무엇이 필요한지 상대에게 묻기 전에 당신의 생각이 옳은지 그른지에 대한 상대의 확인부터 받아라.

'탐색한다'는 것은 상대의 생각에 도전하는 것이지 그것을 지지하는 것이 아니다. 물론 당신은 상대를 향한 동정심을 유지하면서 그의 성장과 발전을 돕겠다는 의도를 내비치고, 마지막에 이르러 상대가 더 만족스러운 결정을 내리도록 도와야 한다. 이러한 감정과 의도를 가져야 상대가 당신의 도전에 저항하지 않고 수용할 수 있는 공간이 형성될 수 있다.

당신이 이미 알아차렸을지 모르지만, 탐색에는 용기가 필요하다. 상대에게 도전해야 하고 당신이 틀렸다는 상대의 말을 수용해야 하기 때문이다. 원하는 대답을 듣기 위해 상대를 강압하지 않고 대화의 의도에 충실하기만 한다면, 당신이 관찰한 바와 질문들은 모두 탐색 과정에 유용할 것이다. 2장에서 설명했듯이, 당신은 대화의 과정을 신뢰하고 대화의 페이스에 맞춰 새로운 인식이 깨어나게 해야 한다.

A(Acknowledge) : 새로운 인식을 확실히 표현하게 하라

어쩌면 이 단계는 중복되고 단순하게 보일 수도 있겠지만, 사실 의도적으로 이렇게 만든 것이다. 이 단계의 목적은 상대가 방금 깨달은 것들이 무엇인지 분명히 표현하게끔 하는 것이다. 만일 당신이 상대에게 "좋아요, 이제 알겠습니다."와 같은 모호한 말을 하도록 허용한다면, 상대는 자신이 지금 막 깨달은(하지만 쉽게 잊혀지는) 것들이 무엇인지 확실히 알 수 없을 것이다.

상대가 방금 습득했거나 대화의 결과로 깨닫게 된 것을 명확히 표현하라고 요구하라. 이러한 요구에 적절한 질문들로는 "우리 대화에서 기억하고 싶은 내용 중 무엇이 가장 중요한가요?" 혹은 "당신이 깨달은 것을 한 문장으로 표현할 수 있나요?" 등이 있다. 자신이 깨달은 것을 말로 표현하면 새롭게 형성된 인식이 확고해질 뿐 아니라 당신의 눈앞에서 새로운 관점이 계속 변화하고 '결정화'되는 과정을 지속시킬 수 있다.

이 단계는 대화의 의도를 분명히 하고, 목표를 설정하고, 약속을 정하기 전에 거쳐야 할 중요한 단계임과 동시에 다음 단계로의 도약을 위한 발판이기도 하다. 자신이 깨달은 것을 확실히 표현하도록 북돋아주면 상대는 새로운 기초를 단단히 다질 수 있게 된다.

M(Make sure) : 향후 계획이나 과제가 무엇인지 확인하라

마지막 과정은 상대가 구체적인 다음 단계를 원하는지 아니면 단순히 문제를 명확하게 이해하는 것을 원하는지 등 대화의 결론을 내기 위한 것이다. 만약 그가 희망했던 결과가 어떤 의사결정을 내리거나 행동의 실행을 정하는 것이라면 대화의 마무리 멘트는 실현 가능한 행동에 대한 것이어야 한다. 만일 새로운 관점을 얻는 데 초점을 맞춰 당신이 대화를 이어간다면 상대는 대화 막바지에 행동계획을 설명하진 않을 것이다. 행동의 실질적 변화는 상대가 새로운 관점을 통해 실시간으로 상황을 바라볼 때에만 분명해진다. 목표와 행동계획에 관한 대화는 나중에 가져도 된다. 이렇게 향후 다른 날을 잡아 문제에 대해 더 고민하고 계속 이야기하자고 하더라도, 그다음으로 해야 할 것들에 대한 약속은 받아내야 한다.

D-존 대화의 성공 척도는 상대가 사전에 정의했던 대화의 결과가 달성됐는가의 여부에 달려 있다. 상황을 둘러싼 제약과 욕구에 대해 토론한 후에 상대는 대화의 성공 여부를 측정한다. 상대가 생각했던 결과를 얻었는지, 그의 생각에는 그다음으로 무엇을 해야 할 것 같은지 질문하라. 그가 더욱 분명하게 상황을 바라보기 위해, 또는 그저 좌절감과 두려움을 덜기 위해 당신과 대화하기를 원했다면 이젠 그가 상황을 어떻게 보는지, 새롭게 형성된 관점을 바탕으로 무엇을 할 것인지 물어라.

대화 시작 시에 상대가 이 대화의 결과를 통해 정말로 얻고 싶어 하는 것이 무엇인지를 정하려면 약간의 노력이 필요할 수 있다는 점을 명심하라. 일반적으로 사람들이 원하는 대화의 결과는 자신의 목표 달성에 방해되는 것을 제거하는 것이다. 대화를 통해 상대가 진정으로 바라는 결과를 얻어야 당신은 상대를 막고 있는 벽을 허물고 그를 전진시킬 수 있다. 대화의 결과가 달성됐다면 앞으로의 계획은 무엇이고, 또 지금 바로 몰입할 수 있는 것은 무엇인지를 상대가 스스로 '선언'하게 하라 (당신이 대신 선언해주지 말라는 뜻이다). 그리고 자신이 앞으로 나아가려면 타인에게서 어떤 도움을 받아야 할지 생각하게 한 후에 대화를 마무리하라.

이 장의 앞부분에 등장했던 여자의 이야기를 예로 들어보자. 그녀는 자신이 가장 달성하고 싶어 하는 중요한 결과는 현재 갈등 중인 두 리더의 문제를 해결해야 한다는 두려움을 극복하는 것임을 깨달았다. 하지만 그녀는 구체적으로 어떤 행동계획에 따라 프로젝트를 수행해야 하는지 탐색할 필요가 없었다. 대신 두 리더의 문제를 직접 관찰하는 것, 그리고 해결책으로서 두 사람의 갈등을 중재하기 위한 미팅을 주선하는 것에 몰입했다.

우리가 DREAM 프로세스의 마지막 부분, 즉 'M'의 단계에 이르렀을 때 나는 두 가지 질문을 그녀에게 던졌다. 자신이 원했던 결과를 달성하기 위해 그녀가 몰입할 것인지를 확인하고 싶어서였다. 첫 번째 질문은 "지금 두 리더에게 접근한다고 상상하니 어떤 느낌이 드나요?"였는데, 그녀는 자신이 정한 해결책이 편안하게 느껴지고 더 이상 두렵지 않다고 답했다. 나는 그녀가 실행 준비를 마쳤는지 확인하기 위해 두 번째 질문을 던졌다. "그럼 언제 그렇게 할 건가요?" 그녀는 내 질문이 끝나자마자 대답했다. "물론 월요일이죠." 나는 내가 도와줄 것이 없는지, 또 그녀가 두 리더와의 미팅을 가진 뒤 나와 추가적으로 만나고 싶은지 묻고 대화를 마무리했다.

이 사례에서 주목해야 할 것은, 내가 그녀에게 질문한 것은 단순히 '자신이 해야 할 일을 아는지 모르는지'가 아니었다는 점이다. 그런 식의 '닫힌 질문'이라면 상대가 '네'라고 답했다 해도 그가 정말 그 해결책을 확신하는지를 파악하기가 어렵다. 그러니 "그럼 당신이 다음에 무엇을 하기로 결정했는지 제게 말해줄 수 있나요?"와 같은 질문을 활용하라. 만약 상대의 믿음이 확고하지 않다면 이는 아직도 당신과 그가 함께 토론해야 할 무언가가 남아 있음을 뜻한다. 반대로 만약 그의 믿음이 확고하다면 당신의 생각을 그와 공유하라. 그리고 이야기를 하다가 새로운 틈새가 발견되면 다시 DREAM 프로세스를 반복하라.

리더들이 범하는 흔한 실수는 상대가 스스로 실행방법을 정하게 놔두지 않고 자기가 대신 결정 혹은 수정해주는 것이다. 상대가 정한 방법이 좋다면 그의 힘을 빼는 말은 하지 마라. 더불어 대화를 마무리할 때는 그 자리를 통해 그가 배운 것이 무엇이고, 앞으로는 무엇을 할 것인지 다시 말하게 하라(하지만 그가 해야 할 말을 당신이 대신 해선 안 된다). 문제를 더 깊이 생각해보자는 말이라 해도 상대로 하여금 스스로 다음 단계를 결정하게 한다면 그에게 용기와 희망을 북돋아줄 수 있고, 그는 앞으로 나아가기 위한 힘을 얻을 것이다.

대화를 마무리하려면 그가 어떤 도움을 필요로 하는지, 또 어떤 후속조치를 취할지 질문하라. 세상을 바라보는 관점을 전적으로 바꾸려면 시간이 걸리기 마련이다. 새로운 인식을 경험했더라도 상대는 그것이 현실에서 어떻게 펼쳐지는지 살펴보고 싶을 것이고, 그렇기에 당신의 지속적인 도움이 필요할 것이다. 만일 당신이 그를 계속 도울 수 있는 상황이 아니라면 성공에 필요한 도움을 받기 위해 그가 해야 할 일을 스스로 결정하게끔 하자.

이것만은 반드시 기억하자. DREAM 프로세스는 일회성의 문제 해결 이벤트가 아니라, 자아와 현실에 관한 새로운 정의가 빛을 발할 때 뇌를 일깨우는 유기적인 프로세스라는 점을 말이다. 대화에 몰입하고 프로세스를 신뢰하려면 뒤의 7장에서 설명할 기법들을 사용하라.

CHAPTER 3

핵심포인트

1. 우리는 세상에 대해 우리가 진실이라고 믿는 것들을 만들어낸다.
2. 놀라운 사실, 파괴적인 질문, 또는 논리상의 모순을 드러내는 반문은 우리가 세상을 보는 관점을 바꿀 수 있다.
3. DREAM 프로세스는 새롭고 더 넓은 관점으로 자신의 문제와 가능성을 바라보게 돕는 과정이다.
   - D(Determine) : 상대가 대화에서 무엇을 바라는지 결정하라.
   - R(Reflect) : 경험, 신념, 표출된 감정을 되비춰주라.
   - E(Explore) : 맹점과 저항의 근원이 무엇인지 탐색하라.
   - A(Acknowledge) : 새로운 인식을 확실히 표현하게 하라.
   - M(Make sure) : 향후 계획이나 과제가 무엇인지 확인하라.
4. 상대가 대화를 통해 무엇을 얻고 싶어 하는지 확실히 정하는 데 충분한 시간을 투자하라. 원하는 결과가 대화를 시작할 때부터 나타나는 것은 아니다. 상황에 따른 상대의 필요와 욕구를 발견해야만 그가 대화를 통해 얻길 원하는 결과도 확실히 정할 수 있다.
5. 상대가 이야기를 만들어갈 때 '되비추기'를 하면 상대로 하여금 자신만의 생각을 바라보게 할 수 있다. 이런 효과를 얻으려면 당신은 상대의 말과 감정을 요약하고, 다른 말로 바꾸어 표현하고, 구체화

하고, 확인하고, 거울에 비춰줘야 한다.

6. 전체 이야기가 모두 드러난 후에는 상대가 알고 있는 것을 어떻게 알게 됐는지 탐색해야 한다. 그래야 상대는 자신의 관점을 형성하는 신념, 욕구, 두려움, 가정을 발견하고 평가할 수 있다. 대화를 하며 나타나는 감정들은 상대가 가진 맹점이 드러나고 그의 관점을 둘러 싼 벽에 금이 가고 있다는 신호라 할 수 있는데, 이런 신호는 당신이 D-존에 들어갔다는 뜻이기도 하다. 그리고 변화는 바로 그곳에서 일어난다.

7. 현실을 바라보는 상대의 관점에 뚜렷한 변화가 일어난다면, 그가 지 금 진실이라고 믿게 된 것들이 무엇인지 표현하게 하라.

8. D-존 대화의 성공 척도는 상대가 사전에 정해놓은 대화의 결과가 대화를 통해 어느 정도 달성되었는가에 따른다.

9. 대화의 결론을 내리기 전에, 상대가 생각했던 결과가 대화를 통해 충족되었는지를 상대로 하여금 판단하게 하라. 또 그가 향후 계획 이나 과제를 가지고 있는지 확인하고, 도와줄 것은 무엇인지 묻고, 후속조치가 도움이 될지 판단한 뒤에 대화를 마무리하라.

DISCOMFORT ZONE

4.

먼저
경청하라

"사소한 것들이 대단히 중요하다는 것은 내게 오랫동안 진리였다."
_『신랑의 정체A Case of Identity』에서 셜록 홈스가 한 말

설명할 수 없는 마술이나 미덥지 못한 바보 같은 소리로 치부되는 바람에 직관은 리더십의 필수 스킬에 들어가지 못했다. 직관적인 통찰에 관해 나는 '영혼의 메시지'부터 시작해서 심령술사와 마법사들이 지닌 '육감'에까지 이르는 여러 설명들을 본 적이 있고 여성이 남성에 비해 직관이 우월하다는 말도 들은 적이 있다. 비록 여성이 남성보다 사회적인 이유로 '내면의 소리'에 귀기울이는 능력이 뛰어나다는 증거가 있긴 하지만, 나는 여성에게 특별한 직관이 있다는 식의 성격적 특성을 증명한 연구결과는 본 적이 없다.

대니얼 카너먼Daniel Kahneman의 세계적 베스트셀러『생각에 관한 생각Thinking Fast and Slow』은 대부분의 사람들뿐 아니라 가장 엄격한 사상가

들조차 일상생활 속에서 직관에 의존한다는 수많은 증거를 제시하고 있다.* 이 책에서 카너먼은 우리가 얼마나 논리적으로 생각하고 근거를 기반으로 판단하는가와 관계없이, 자신도 모르게 주입된 직관이 없으면 아무런 결정을 내리지 못한다는 사실을 반복적으로 이야기한다. 알베르트 아인슈타인Albert Einstein을 비롯한 위대한 지성들은 좋은 결정을 내리는 데 있어 직관이 균형을 잡아주는 매우 중요한 역할을 한다는 것에 동의했다.

직관은 전설적인 탐정 셜록 홈스를 나타내는 상징이다. 사실에 입각한 경우도 있었지만, 홈스는 논리와 직관이 미스터리 해결의 동등한 파트너임을 꿰뚫었다. 그는 카너먼이 '시스템 1 사고System 1 Thinking'라고 명명한, 재빠르고 본능적이며 감정적인 사고를 즐겨 했다. 세부적인 것들에서도 가장 세밀한 것을 찾는 데 매우 예리한 눈을 가진 그는 테스트도 하기 전에 그것들의 중요성을 깨달았다. 그는 인지할 수 있음에도 알아차리지 못하는 친구이자 조수인 왓슨Watson을 나무라며 이렇게 말했다. "자네는 보고 있지만 관찰하지는 않는군. 보는 것과 관찰하는 것은 아주 다르다네."**

무엇이 진실이고 무엇이 D-존에서 가능한지 발견하려면, 일상적인 대화에서 보고 듣는 것들보다 더 많은 것을 인식할 필요가 있다. 반문과 질문을 통해 인식한 것들이 맞는지 틀리는지는 그 뒤에야 검토할 수

---

* Daniel Kahneman. *Thinking Fast and Slow*. Penguin, 2012.
** Sir Arthur Conan Doyle. "A Scandal in Bohemia," *The Adventures of Sherlock Holmes*. 1892.

있기 때문이다.

감각 기능을 활성화하려면 감정과 시각을 사용함으로써 감각의 입력을 담당하는 신경 네트워크의 '센터'들(두뇌, 심장, 소화관)을 활짝 열어야 한다. 논리적 추론에 능한 두뇌가 최고의 의사결정 센터로 여겨질 수도 있겠으나, 대부분의 인간들은 직감이나 '가슴으로부터'의 느낌에 따라 결정을 내리고 실행할 수 있는 결과물을 찾아내곤 한다. 개인의 감정 상태, 목표를 향한 몰입 수준, 망설임의 근원을 인식하기 위해 두뇌, 심장, 소화관이라는 세 개의 센터들을 활용하면, 셜록 홈스처럼 추론하는 방법뿐 아니라 어떤 질문을 던져야 하는지도 알아낼 수 있다.

두뇌, 심장, 소화관에 내재된 지능을 연결시키고 정렬시키는 힘을 다루는 것은 일종의 예술이라고 할 수 있다. 리더로서 세 가지 센터의 정렬에 힘을 쓴다면 효과적인 의사결정을 내리는 것뿐만 아니라 본인의 권위를 더 높이는 것도 가능하다. 복잡한 비즈니스 환경, 다시 말해 강한 압박하에 사고의 신속함이 요구되는 환경에서는 머리와 더불어 소화관과 심장을 통해 사업을 운영하는 리더일수록 적응력이 뛰어나고 성공 가능성이 더 높다.*

많은 연구자, 교사, 리더들은 마이클 거슨Michael Gershon의 책 『제2의 뇌The Second Brain』에 근거하여 직감을 통한 경청의 힘을 이야기한다.** 거

---

* David Dotlich, Peter Cairo, and Stephen Rhinesmith. *Head, Heart & Guts: How the World's Best Companies Develop Complete Leaders.* Jossey-Bass, 2006.
** Michael Gershon. *The Second Brain: A Groundbreaking New Understanding of Nervous Disorders of the Stomach and Intestine.* Harper, 1998.

슨은 소화관에서 발견되는 방대한 신경 네트워크가 두뇌에서 벌어지는 프로세스와 유사한 방식으로 학습하고, 이야기를 저장하며, 입력을 처리한다고 밝혔다. 거슨에 따르면 소화관에 위치한 '뇌'에는 약 1억 개의 뉴런이 퍼져 있고, 모든 종류의 신경전달물질들이 입력된 감각을 처리하기 위해 존재한다고 한다.

거슨 이전에 앤드루 아모어Andrew Armour 박사는 심장에 있는 신경 네트워크가 어떻게 학습하고 기억하며, 느끼고 감지하는지를 연구했다. 그는 '심장의 뇌Heart Brain'란 용어를 처음 사용했다.[*]

머리에 있는 뇌는 언어를 이해하는 능력을 가졌기에 상대의 말을 들을 수 있게 하지만, 심장과 소화관으로부터 전해지는 신호는 당신과 함께 대화하는 상대의 복잡한 신체에서 무슨 일이 벌어지는지 전적으로 이해하는 데 필요한 데이터를 당신에게 제공한다. 즉, 상대를 경청하려면 머리와 심장, 소화관을 모두 동원해야 하는 것이다.

세 개의 센터에 귀기울이기

결정해야 할 사안이 있다면 각 센터가 제시하는 서로 다른 정보를 먼

---

[*] 하트매스 연구소The HeartMath Institute는 스트레스를 풀고 회복탄력성을 높이며 삶의 성공을 이끌려면 '심장의 뇌'에 어떻게 접속해야 하는지 연구하고 가르치는 등 지속적으로 아모어 박사의 연구를 확장시키고 있다. 더 많은 정보를 접하고 싶다면 연구소 사이트(www.heartmath.org)를 방문하고, 아모어 박사와 연관된 기사를 읽고 싶으면 다음의 사이트를 참조하라. http://www.heartmath.org/free-services/articles-of-the-heart/index.html.

저 인식하는 연습이 필요하다. 그랜트 수살루Grant Soosalu와 마빈 오카 Marvin Oka는 세 가지 처리 센터 각각의 핵심 기능이 무엇인지를 규명했다.* 머리의 뇌(두뇌)는 추론하고, 분석하고, 합성하고, 의미를 부여한다. 심장의 뇌는 현재의 상황이 열망과 욕구와 어떻게 관련되는지에 따라 활성화된다. 희망하는 바를 성취했다는 기쁨을 느끼는 것부터 그 희망 자체가 무리임을 감지하는 것까지 말이다. 소화관의 뇌는 두려움에 따른 반응과 용기에 따라 행동하려는 의지(혹은 충동) 등과 같은 자기보호Self-Preservation 반응을 관장한다.

과학적으로 봤을 때 각 센터들은 신경 네트워크상의 복잡한 충격파들이 지속적으로 상호작용하면서 단순화된다고 한다. 사실 신경계의 모든 부분들은 서로 중복되어 있는 탓에 무엇이 우리의 생각과 행동을 제어하는지 명확하게 파악하기가 어렵지만, 의미를 생성해낸다는 것만은 분명하다. 다음과 같은 상황들에서는 당신 역시 서로 다른 감각을 경험한다는 사실에 주목하자.

1. 결정을 내리기 전에 무언가를 이해할 필요가 있다는 생각이 든다고 가정해보자. 걱정이 되는가? 머리에서 여러 생각들이 빠르게 돌아가기 시작하는가?
2. 당신의 새 아이디어가 긍정적인 결과로 이어진다는 생각에 흥분

---

* Grant Soosalu and Marvin Oka. "Neuroscience and the Three Brains of Leadership," www.MBraining.com, 2012. 다음의 사이트를 클릭하여 해당 기사를 읽어보라. http://www.mbraining.com/mbit-and-leadership.

중이라고 가정하자. 심장이 빨라지는가? 미소를 멈추기 어려운가?

3. 당신이 지금 해야 할 추가적인 업무를 아무도 요구하지 않기 때문에 새로운 정책에 화가 난 상태라고 하자. 위장이 조여드는 느낌인가? 당신이 느끼는 바를 표현하기 어려워서 초조하게 서성거리거나, 대화하면서 팔을 휘젓거나, 손을 움켜잡거나, 팔짱을 끼고 싶은 충동이 드는가? 이런 몸의 변화는 당신에게 무언가 말할 것이 있음을 나타낸다.

〔자기평가〕 세 개의 뇌 인식하기

다음의 문장들을 소리 내어 말해보자. 진짜로 느끼는 것처럼 각 단어들을 말해야 한다. 문장 사이에 몇 초의 간격을 두고, 말하는 동안에 이완되거나 긴장되는 신체 부위를 찾아라.

"당신은 이해하지 못하는군요. 먼저 제안서를 다 읽어야겠어요. 그다음에 답을 해드리지요."

"알겠습니다. 이제야 그 상황이 완전히 이해되네요."

"그 일을 하며 시간을 보낼 수 있다면 정말 좋겠어요."

"도와주셔서 감사드립니다."

"저는 당신에게 비밀을 전제로 제 아이디어를 공유했는데, 당신은 다른 사람들에 전부 말하고 다녔네요. 이제 당신을 신뢰할 수 없을 것 같습니다."

"너무 화가 나서 소리치고 싶군요. 더 이상 아무것도 하지 않겠습니다."

"누가 뭐라고 하든 저는 그 프로젝트를 시작할 겁니다."

"아니, 잠깐만요. 그 일이 발생하면 우리가 노력했던 모든 것들을 잃을까봐 두렵네요."

당신의 몸에서 아무런 반응을 느끼지 못했다면 이는 감정과 연결하는 연습이 부족해서 두뇌가 지나치게 몸을 지배하고 있다는 뜻일 수 있다. 당신 내면의 소리에 더 깊이 귀기울이고 싶다면 세 개의 센터(머리의 뇌, 심장의 뇌, 소화관의 뇌)를 인식하는 연습을 매주 하라. 결정해야 할 사안을 택하라. 그 결정들은 미루던 전화 통화를 할까 말까와 같은 작은 것일 수도 있고, 직장생활에 영향을 끼칠 만한 중대한 것일 수도 있다.

다음의 연습은 두뇌의 '독재'에서 벗어나 몸을 다시 연결하는 데 도움을 줄 것이다. 그래야 당신은 자신에게서 일어나는 감정적 반응을 더 잘 이해할 수 있고 스스로 더 나은 결정을 내릴 수 있다.

[연습] 머리, 심장, 소화관 사용하기

1. 결정해야 할 사안을 택하라. 그 사안에 호기심을 가져라. 그

사안과 관련된 사실들을 머리에 떠올려라. 그 결정을 내릴 때
와 그렇지 않을 때의 장단점을 고려하라. 어떤 점들이 신경쓰
이는가?

2. 잠시 멈추고 숨을 고르며 마음을 가다듬어라. 당신이 아끼는
   사람이나 원하는 것을 떠올려라. 미소 지으면서 호흡과 함께
   박동하는 심장 소리를 느껴라. 사랑한다는 말, 고맙다는 말 등
   당신의 마음을 여는 문장이나 단어를 소리내어 말하라. 그리
   고 이제는 당신이 내려야 할 큰 의사결정 사안을 택하라. 심장
   주위의 감각을 그대로 유지하면서 말이다. 어떤 점들이 신경쓰
   이는가? 그것들은 1번의 결과와 어떻게 다른가? 이제 당신은
   그것들이 사실보다는 욕구에 가깝다는 것을 알게 될 것이다.

3. 등을 굽히지 말고 꼿꼿이 앉아라. 복식호흡법을 써서 더 깊게
   호흡하라. 두려웠음에도 대담하고 단호히 행동했던 기억을 떠
   올려라. 점프를 하거나, 절벽으로 뛰어가거나, 생각을 털어놓았
   을 때와 같이 당신이 앞으로 나아갔던 순간을 기억해내라. 숨
   을 들이마시면서 '용기'라는 단어를 말하고 느껴라. 숨을 내쉬
   면서 그 단어가 몸의 중심에 자리잡도록 하라. 당신이 내려야
   할 의사결정 사안을 다시 떠올려라. 어떤 점들이 신경쓰이는
   가? 그것들은 머리와 심장으로 생각했을 때(즉 1번과 2번)의 결
   과와 어떻게 다른가? 두려움, 상실감, 후회를 느꼈는가? 앞으
   로 나아가야겠다는 절박함과 자극을 느꼈는가? 아마도 전에는
   네, 아니오를 대답하기 어려웠겠지만, 이제는 진짜로 뚜렷한 이

유가 뭔지 인지했을 것이다. 소화관을 통한 사고는 당신의 결
정에 어떤 영향을 미쳤는가?

확신을 가지고 최고의 선택을 하려면 결정을 내리기 전에 이 연습
에서 제시하는 세 가지 질문(어떤 점들이 신경쓰이는가?)으로부터 나오는
각각의 의미를 균형 있게 받아들여라. 세 가지 처리센터 모두를 경청하
는 습관이 생길 때까지 이 연습을 반복하라.

세 개의 센터로 경청하기

앞서 계속 언급했듯이, 던져야 할 질문을 기억해뒀다가 정형화된 기법
인 양 대화에서 그것들을 사용하는 것은 좋은 연습이 아니다. 전에 던
졌던 좋은 질문을 기억해내려 한다면 그것은 상대의 말을 전적으로 경
청하는 것이 아닐 뿐더러, 상대가 스스로 생각하도록 용기를 주기는커
녕 그를 불만스럽게 만드는 결과를 초래한다.

상대의 사고 패턴을 깨뜨리고 현실의 직시를 가로막는 벽을 돌파하
는 질문은 당신과 상대 간의 상호작용 중에 바로 튀어나올 것이다. 무
슨 말을 해야 할지 알고 싶다면 어떤 일이 대화상에서 발생하는지를 주
시하고 대화에 몰입해야 한다. 그래야 머리, 심장, 소화관의 반응을 토
대로 당신이 던져야 할 질문을 구성할 수 있기 때문이다.

아마도 당신은 머리만을 사용해서 듣는 버릇을 깰 필요가 있을 것이다. 머리만 사용한다면 문제의 진짜 원인을 알려주는 뉘앙스를 놓칠 수 있고 목표만을 향해 대화를 빠르게 진행할 우려가 있다. 이렇게 되면 대화는 기계적이 될 수밖에 없고 기껏 일어나는 변화라 해봤자 미미한 수준에 그칠 뿐이다.

이러한 오류는 아마 당신도 매일 접하고 있을 것이다. 많은 리더들은 무엇이 직원들로 하여금 최선을 다하게 하는지 발견하는 것(심장) 대신에 시장의 요구 혹은 매출목표(머리)를 바탕으로 조직의 미션을 정의하곤 한다. 팀원들은 프로젝트에서 무엇이 자신들에게 가장 문제가 되는지, 각자 어떻게 기여하길 원하는지, 상황이 나빠지면 평소 두려워하는 일들이 발생할지의 여부 등에 관해 서로 질문을 주고받기(심장과 소화관)보다는 예산, 담당업무, 책임소재(머리) 등을 놓고 논쟁을 벌인다. 세 가지 센터를 통해 서로의 말을 경청할 때 갈등은 더 빨리 해결되고 행동하고자 하는 동기 역시 높아지는데 말이다.

몸으로 상대의 말을 들으면 고려해야 할 정보를 훨씬 많이 얻기 때문에 대화에서 '돌파의 순간'을 경험할 수 있다. 해결책이 필요하면 그것은 상대가 갖게 될 더 넓은 인식으로부터 나온다는 신뢰하에 대화의 속도를 늦춰야 한다. 그런 다음, 미묘한 실마리에 주의를 기울이고 직면하기 어려운 것들이 뭔지 질문하기 위해 상대와의 확실한 공감대를 형성하라. 비록 대화가 당신과 상대방 모두에게 불편할 수는 있지만, 새로운 인식을 통해 어려운 상황에 대한 독특한 관점을 얻을 수 있을 것이다.

최근에 이루어진 연구들은 두뇌뿐 아니라 심장과 소화관의 뇌를 통해 듣는 것이 타당함을 입증하고 있다. 독일 만하임 대학교의 마르크-안드레 라인하르트Marc-Andre Reinhard가 이끄는 연구팀은 무의식적 사고가 사람들로 하여금 정확한 거짓말 탐지에 필요한 복잡하고 많은 정보를 통합할 수 있게 한다는 점을 발견했다.* 거짓말 여부를 의식적으로 분석하지 못하도록 강제된 참가자들이 의식적으로 사고했던 사람들보다 정답을 더 많이 맞혔던 것이다. 물론 상대 말의 거짓 여부를 탐지해야 한다는 뜻으로 이 연구를 소개하는 것은 아니다. 하지만 두뇌가 어떤 일이 벌어지는지를 이해하려고 알게 모르게 진실을 조작한다면, 상대의 말을 두뇌가 아닌 심장과 소화관으로 들어야 한다는 것을 말하고 싶다. 상황에 대한 상대의 해석에 영향을 미치는 요소를 발견하려면 말이다. 라인하르트의 연구결과는 판단의 모순, 가치들 간의 갈등, 감정에 따른 합리화가 의식적 마음이라기보다 직관적 프로세스를 통해 이루어진다는 이론을 뒷받침한다.

D-존 대화를 위해 필요한 모든 정보를 들으려면 당신의 신경계 전체가 정보를 수용하도록 당신 자신을 활짝 열어야 한다. 두뇌를 통해서는 상대의 잘못된 가정과 신념을 들을 수 있고, 두려움이나 저항, 욕구, 희망과 같은 감정적 반응의 처리는 신경계 전체에서 일어나지만 주로 심장과 소화관에서 이루어진다. 당신은 각각의 처리센터로부터 상대 이

---

* Marc-Andre Reinhard, Rainer Greifeneder, and Martin Scharmach, "Unconscious processes improve lie detection," *Journal of Personality and Social Psychology*, 105(5): 721~739, November 2013.

야기의 서로 다른 요소들을 '들을 수 있다'.

- 상대방 이야기의 틀을 형성하는 가정과 신념을 파악하고 논리상의 비약을 발견하려면 머리의 뇌(두뇌)를 사용하라. 또한 두뇌를 통하면 상대가 자신의 결정과 행동을 설명하기 위해 동원한 합리화를 알아차릴 수 있고, 그래야 실행 가능한 옵션을 고려하는 단계로 넘어갈 수 있다.
- 갈망과 열정에서 발견되는 에너지, 손실에 따른 슬픔, 죄책감으로 인한 망설임을 감지하려면 심장의 뇌를 사용하라. 심장의 뇌를 통해 당신은 상대에게서 가장 중요하다고 여겨지는 것, 잘못되거나 중심에서 벗어나거나 사라진 것들을 탐색하고 확인할 수 있다. 또한 당신은 상대의 욕구 중에서 무엇이 현실적이고 무엇이 이상적인지를 탐색하길 원할 수도 있는데, 특히 상대가 무언가를 성취하지 못했다는 이유로 자책할 때 더욱 그렇게 된다. "나는 반드시 ~해야 한다"라는 말을 듣는다면 부족해 보이는 몰입, 혹은 사라져버린 열정에 관한 질문을 던져라. 그가 이런 질문으로 압박감을 느낀다면 업무와 우선순위를 재편하는 것 대신 그에게 인생의 목적이나 가슴 깊은 곳의 욕구를 분명히 해달라고 요청하라. 상대가 자신의 목표나 꿈을 달성하지 못했다면 그가 걱정하는 것을 밝혀내도록 돕고, 그가 목표나 꿈을 이루면 어떤 일이 발생할지도 규명하라.
- 결정을 내리거나 발전하지 못하도록 막는 것들이 무엇인지 알면서도 상대가 말하려 하지 않는다면, 소화관의 뇌를 사용하여 그것

을 알아차려라. 상대가 계속 제자리에서 뱅뱅 도는 이야기를 하거나 변화는 너무 힘드니 하지 않겠다고 고집을 부린다면, 그가 무엇을 보호하거나 고수하고 있는지 찾아내라. 상대가 직면하기를 두려워하는 손실에는 여러 가지가 있을 수 있다. 친구가 될 수도 있고, 직무나 호칭으로 자신을 정의한다면 직위일지도 모른다. 만일 그가 변화하지 않는다면 어떤 대가를 치러야 할까? 또 변화한다면 그는 어떤 사람이 될까? 상대가 실천하거나 다르게 생각하려 하지 않는다면 무엇을 포기할 것인지 그에게 스스로 찾아보라고 요청하라. 결정하도록 상대를 밀어붙이는 동안 그가 내비칠 두려움과 혼란스러움은 자연스러운 것이라고 인정하라. 비록 결정이 앞으로 나아가는 것이 아니라 기다리는 것이라 해도 말이다.

설사 당신이 감지하는 것이 상대의 행동을 막거나 그 사람의 인식에 잘못된 영향을 끼친다 하더라도, 당신은 그가 스스로를 위해 더 깊이 생각하도록 돕고 있는 것이다. 당신이 감지한 것을 상대와 공유하라. 그래야 그는 자신의 동기를 더 깊이 생각할 수 있을 것이다. 당신은 당신이 감지한 것을 이야기하고, 진실일 가능성이 있는 것들을 탐색하고, 새로운 틀과 가능성 형성을 거부하는 상대에게 도전해야 한다.

세 개의 센터를 통해 경청하려면 머리에서 시작하여 심장을 관통하고 몸의 중심(즉, 소화관)까지 내려가는 감정이 나란히 정렬되는 듯이 느낄 필요가 있다. 안전지대를 구축하기 위해 정신적으로나 감정적으로 몰입해야 한다고 언급했던 2장의 내용을 기억하라. 일상생활 중에서도 이런 연습은 계속해나가자.

머리, 심장, 소화관이 가지런히 정렬되어 있음을 의식적으로 느낀다면 호흡과 감각을 이용하여 세 개의 센터를 활짝 열고 상대의 이야기를 경청할 수 있다. 초점을 맞춰야 할 구체적인 감정은 다음과 같다.

머리: 호기심
심장: 관심 혹은 연민
소화관: 용기

시각화와 감정을 활용하여 세 개의 센터를 의식적으로 열어젖히면 상대가 무엇을 하려 하지 않는지 혹은 무엇을 말할 수 없는지 더 원활하게 감지할 수 있다. "나는 그 사람을 '소화digest'하지 못하겠다."라는 러시아 속담은 흔히 누군가를 이해하지 못할 때 사용되는 표현이다. 세 개의 처리센터 모두를 통해 상대의 이야기를 경청한다면, 당신은 그 이야기를 글자 그대로 '완전히 소화'하고 있는 것이다.

〔연습〕 **파트너와 함께 세 개의 센터를 통해 경청하기**
이 연습은 누군가와 함께해야 한다. 말을 시작하고 멈추는 시간을 정하기 위해 타이머를 하나 준비하면 좋다. 타이머를 작동시켜 상대가 이야기를 시작하게 하기 전, 각 라운드의 지시사항을 읽어보자.

만약 조력자를 한 명 더 구할 수 있다면 그에게 소리내어 지시사항을 읽어달라고 부탁하라. 이렇게 하면 당신의 의식이 신체의 각 부분에 이를 수 있고 경청에 집중할 수 있으며 몸의 변화를 경험할 수 있어서 좋다. 이상의 세 사람(당신, 상대, 조력자)이 '화자' '청자' '관찰자'의 역할을 번갈아 맡기를 바란다.

연습은 이렇게 진행된다. 화자는 본인이 현재 직면한 문제를 말한다. 그 문제는 새로운 딜레마거나 매번 되풀이되는 좌절의 근원일 수 있다. 청자는 그 이야기를 듣고 자신에게 비쳐진 느낌을 이야기하고(즉 '되비추기'를 하고), 서로 다른 위치의 신경망(머리, 심장, 소화관)을 통해 들은 것에 따라 2분마다 한 번씩 질문을 던진다. 청자가 질문을 던지면 화자는 2분 뒤의 알람을 타이머로 설정한 후에 답한다. 이렇게 세 개의 라운드를 완료한 뒤 자연스럽게 대화를 끝내면 된다.

연습을 잘했는지에 대해서는 걱정하지 마라. 당신의 경청 스킬이 얼마나 능숙한가보다는 당신이 이야기에 몰입하고 관심을 기울이고 있음을 상대가 느끼는 것이 훨씬 중요하기 때문이다. 만약 열린 마음으로 경청한다면 좋은 결과를 얻을 것이다. 충실하게 연습하는 데 최선을 다하고, 당신이 어떤 질문을 던지든 지금은 완벽한 질문이라고 생각하라. 각 라운드의 지시사항은 다음과 같다.

- **1라운드(경청하기 전에 이 부분을 먼저 읽어라)**

: 상대는 자신의 상황에 대해 2분간 말한다. 머리(두뇌)를 통해 차분히 그의 이야기를 들으면서 호기심을 발동시켜라. 무엇을 더 알고 싶은가? 무엇이 이해되지 않는가? 어떤 부분이 부족한가? 상대는 어떻게 자신의 행동이 타당한지를 알고 있는가? 내용을 명확한 이해를 위해 그의 이야기를 경청하라. 2분이 지나 알람이 울리면 되비추기 문장 하나를 이야기하고 질문 하나를 던지되, 두 개 문장 이내로 간결히 말하라. 상대가 질문에 답할 준비가 될 때까지 기다려라. 준비가 되면 타이머로 2분 알람을 설정한 뒤 호기심을 가지고 상대의 답변에 귀를 기울여라.

- **2라운드**

: 상대가 당신의 질문(1라운드에서 던진)에 답하기 전에 호흡을 가다듬고 생각을 정리하라. 당신이 깊은 관심을 쏟는 사람 혹은 사물을 눈에 보이듯 떠올려라. 심호흡을 하고 미소를 지으며 사랑, 관심, 감사라는 단어를 속으로 읊조려라. 마음이 활짝 열리는 것을 느껴라. 그리고 상대가 이야기하는 중에 나타나는 감정적 신호들을 차분히 관찰하라. 상대는 흥분한 상태인가? 억울해하는가? 죄책감을 느끼는가? 걱정하는가? 상대가 간절히 원하는 것은 무엇인가? 무엇이 상대를 방해하는가? 머리로 생각하지 말고 심장이 어떤 감각을 경험하는지 살펴라. 만약 머리로 생각한다는 느낌이 들면 당신 앞에 앉은 상대를 바라보라. 상대를

친구라 여기고 배려와 동정심을 느껴라. 상대는 문제 해결을 위해 나름의 방법을 이야기하고 있음을 기억하라. 만약 당신이 상대를 판단하려 한다면 자신을 용서하고 상대의 말에 마음을 전적으로 열어라. 타이머의 알람이 울리면 다시되비추기 문장 하나와 질문 하나를 던진 뒤, 역시 상대가 그 질문에 답할 준비가 될 때까지 기다려라. 준비가 되면 타이머로 2분 알람을 설정한 다음 열린 마음으로 그의 답변에 귀를 기울여라.

● 3라운드

: 상대가 당신의 질문(2라운드에서 던진)에 답하기 전에 먼저 자세를 바로 하라. 그런 다음 당신이 배짱 좋았던 때, 그리고 두려웠음에도 단호하게 결정했던 때를 떠올려라. 행동을 취하거나 마음을 드러냈을 때 어떤 느낌이었는지를 떠올려보라. 숨을 들이쉬며 '용기'라는 단어를 속으로 말하고, 그 단어가 당신 몸의 중심에 자리잡도록 한 다음 숨을 내쉬어라. 상대가 이야기하는 동안 그가 사용하는 단어, 감정, 제스처, 말과 말 사이의 정지 순간 등을 당신의 소화관으로 받아들여라. 상대는 무엇을 보호하고 있는가? 무엇이 그의 선택을 몰아가는가? 2분이 지나 타이머가 울리면 역시 되비추기 문장 하나와 질문 하나를 던져라. 이번에 당신이 던지는 질문은 1, 2라운드에서의 것들보다 더 도전적이어도 된다. 용기를 가져라. 상대가 당신의 질문에 답하는 데 필요한 준비 시간도 충분히 주자. 대화를 진행하는 동안에는 머리가 아

닌 소화관을 통해 들으려고 노력하라. 2분 알람을 타이머에 설정하고 소화관에서 나오는 힘을 통해 상대의 말을 경청하라.

● 종료
: 대화 종료 뒤에는 각 라운드에서 당신이 '들은 것'의 차이를 이야기하는 시간을 가져라. 각 라운드에서 당신이 던진 질문들 간에 어떤 차이가 있었는지 상대에게 물어라.

이런 연습을 하면 머리와 심장으로는 비교적 잘 경청할 수 있지만, 소화관을 활용하는 경청은 쉽지 않다는 것을 알게 된다. 사람들은 대부분 '머리로 생각'하기 때문이다. 하지만 심장이나 소화관을 통하는 경청이 수월한 사람들이 있다. 본능적으로 빠르게 움직이는 '리스크 감수자Risk Taker'들은 심장보다 소화관을 이용하는 경청이 더 쉽다고 말한다. 반면 '조력자' 역할에 익숙한 사람들은 소화관보다는 심장을 통해 더 잘 경청한다. 앞서의 연습을 통해 당신은 세 개의 센터를 이용해 균형 있는 경청을 할 수 있을 것이다.

언제든 열린 마음과 균형 있는 관점으로 경청하려면 D-존 대화에 임하기 전에 일상생활 속에서 '시각화'를 연습하자. 마음을 정리하고, 몸을 이완시키고, 대화의 의도에 정렬된 듯한 느낌을 받은 후에 눈을 감고 빛나는 금덩어리를 떠올려보라. 마음속으로 '호기심'이란 단어를 말하라. 마음이 열리는 것을 느껴라. 미소를 짓고, 가슴으로 숨 쉬면서, 그

금덩어리가 심장 안으로 가라앉는 모습을 상상하라. '관심(혹은 사랑)'이 란 단어를 속으로 말하고 그 단어가 주는 감정을 느껴라. 마치 심장이 확대되는 것처럼 느껴질 것이다. 호흡을 몇 번 가다듬은 뒤 배로 숨을 들이쉬면서 금덩어리가 배꼽 아래로 가라앉는 모습을 그려보자. '용기' 라는 단어를 말하고 그 단어의 의미를 느끼고, 소화관들이 모두 열리 며 무엇이든 받아들일 준비가 됐다는 것도 느껴보라.

세 개의 센터가 열려 있음을 느끼면서 눈을 뜨고 방을 둘러보라. 생 각하지 않는데도 바로 눈에 들어오는 것들은 무엇인가? 단순히 보는 것이 아니라 셜록 홈스가 말했듯이 무언가를 '관찰'할 수 있는가?

금덩어리를 상상하는 게 어렵다면 시각적인 어떤 것이라도 좋다. 내 가 아는 어떤 스포츠심리학자는 운동선수들에게 머리에서 심장을 거 쳐 배꼽 아래까지 부드럽게 내려오는 엘리베이터를 상상하라고 지시했 다. 배꼽 아래에 정지한 엘리베이터가 문을 열고서 텅 빈 공간을 채울 무언가를 기다리는 모습을 말이다. 선수들은 경기에 복귀해서도 자신 들의 직감(소화관)을 열린 상태로 유지하려고 노력했다고 한다.

위의 연습은 2장에서 언급하기도 했던 '대화에서 자신을 제거하기' 에 도움이 된다. 모든 사람들은 분석하고 판단하려는 경향이 있다. 하지 만 머리, 심장, 소화관을 통해 경청하는 연습을 한다면 상대를 옳은 결 론으로 이끌기보다는 당신이 감지하는 것에 어떤 반응을 해야 하는지 에 능숙해질 것이다.

D-존 대화의 효과를 높이려면 대화가 불편하다고 느껴질 때마다

소화관을 통한 듣기와 말하기로 균형을 맞추는 것이 좋다. 그래야 당신의 말을 자기검열할 가능성이 낮아지기 때문이다. 소화관을 통해 경청하고 코칭하면 당신은 평정심을 더 잘 유지하면서 단호해질 수 있을 것이다. 몇몇 무술에서는 이것을 '내공'이라고 부른다. 연습만 충분히 한다면 내공을 통해 생활할 수 있는 법을 배울 수 있다.

리더들이 내게 직원들과 대화를 진행하기 힘들다거나 혹은 그들이 너무 저항이 심하고 말할 의지가 없다고 털어놓을 때마다 나는 직원들의 말을 강요하는 동안 그의 머릿속에서 무슨 생각이 생겨나는지를 묻는다. 그러면 대개는 상대를 대화에 집중하게 만들려면 어떻게 해야 하는지에 관한 생각만이 머릿속을 가득 채운다고 대답한다. 이런 상황은 곤란하다. 상대는 당신이 심장과 소화관을 통해 자신의 이야기에 귀기울이고 반응한다는 것을 느낄 때 기꺼이 당신에게 마음을 더 활짝 열려 할 것이기 때문이다.

기억하라. 상대는 자신의 말투나 감정으로 표현하기 어려운 무언가를 당신에게 말하고 있는 것이다. 심장과 소화관을 통해 들어야만 당신은 그가 진짜로 원하거나 필요로 하거나, 혹은 다룰 수 없는 것은 무엇인지 알아차릴 수 있고, 그래야만 그가 현실을 보지 못하도록 막는 장벽을 돌파하는 질문도 던질 수 있다. 맹점은 그때에야 비로소 드러나고, 상대의 인식은 더욱 넓어질 것이며 새로운 현실도 나타나게 된다.

앞에서 언급했듯이, 상대는 당신의 질문에 답하기까지 시간을 오래 끌지 모른다. 또한 당신은 대화의 돌파구를 찾지 못하거나 대화 내내 상대에게 큰 감동을 주지 못할 수도 있다. 통찰은 나중에 가서야 나타나거나 몇 번의 대화를 더 필요로 할 가능성도 있다. 나는 뒤에 이어지는 5장과 6장에서 문제 해결에 오랜 시간이 걸렸던 사례와 그 반대의 사례들을 제시할 것이다.

염두에 둬야 할 마지막 팁을 알려준다면, 대화 내내 '자세를 바로 유지하라.' 구부린 상태에서 고개를 숙이면 직감이 떨어질 뿐만 아니라 소극적이 될 가능성이 크다는 연구결과가 있다. 마틴 보스Martin Bos와 에이미 커디Amy Cuddy는 스마트폰이나 노트북 PC를 보며 몸을 굽히는 자세는 실제로 신체의 화학작용과 적극적 의지에 영향을 끼친다는 사실을 발견했다.* 이 두 사람은 정말이지 많은 이들이 회의 시작 전에 자리에 앉아 스마트폰에 코를 박고 있는 것을 보고 연구를 결심했다고 한다. 이들의 연구결과는 구부정한 자세 때문에 차후에 대화를 이어나갈 용기를 잃게 될 수 있음을 시사한다.

하룻동안 가능한 한 자주, 몸의 자세가 어떤지 확인하라. 자세를 바로 해야 소화관(직감)을 통해 더 많은 정보를 수용할 수 있을 뿐만 아니라 다른 사람의 생각에 더 용감히 도전할 수 있다.

---

* Martin Bos and Amy Cuddy. *Is your iPhone Turning You into a Wimp?* Harvard Business School Working Knowledge. Retrieved from http://hbswk.hbs.edu/ on June 24, 2013.

대화의 진전을 위해 감정을 이용하라

감정에는 전염성이 있다. 안전지대를 만들려면 상대가 더 넓게 보도록 긍정적인 의도와 호기심을 유지해야 한다. 그렇게 하면 상대에게 공감하면서 당신의 감정이 변화하는 것을 알게 될 것이다. 당신은 되비추기 과정의 일환으로 당신이 느끼는 바를 이야기한다. 그리고 대화를 진행하는 동안 대화의 진전 혹은 종료 여부를 깨닫기 위해 감정을 조정해야 할 때가 몇 번 찾아온다.

만약 상대가 계속해서 원래의 이야기로 돌아간다면, 차분히 호흡을 가다듬은 후에 당신이 대화하면서 인지한 패턴을 그에게 말하라. 상대가 대화에서 바라는(그리고 당신이 동의했던) 결과도 그에게 상기시켜라. 이어 상황을 인식하는 또다른 방법을 기꺼이 찾고 싶은지를 상대에게 물어라. 그래야 되비추기 단계와 탐색 단계로 대화를 진전시킬 수 있다. 만약 상대가 새롭게 깨달은 것들을 그다지 좋아하지 않는다면 그에게 새로운 옵션을 선택하도록 요청할 때 희망적인 말을 덧붙여라. 만약 앞으로 나아가기 위해 무언가를 포기해야 함을 상대가 깨닫게 된다면, 그가 상실과 후회로 슬퍼하는 동안 연민의 감정을 느껴라. 혹 상대가 다음 단계를 계획하고자 한다면, 그를 격려함과 동시에 당신 스스로도 용기의 감정을 느껴라. 당신의 감정적 변화는 상대가 어둠 속에서 길을 찾는 데 도움이 될 수 있다.

신뢰가 형성되어 있다면 적절한 타이밍에서의 유머는 대화의 톤을 밝게 하는 데 유용하다. 웃음을 나누면 스트레스가 해소되고 자신감이 고양될 수 있다. 그러나 어떤 유머를 어떻게 구사해야 할지에 대해서는 신중을 기하라. 자칫하면 공격적이거나 센스 없이 느껴질 수도 있을 테니 말이다.

유머는 상황에 좌우되기 때문에 그것을 사용해야 하는 타이밍을 알려주기란 무척 어렵다. 보통 상대는 낡은 방식으로 상황을 해석하는 자기 자신에 대해 기꺼이 웃을 준비가 돼 있고, 오래전에 알아차렸어야 했던 맹점을 이제야 깨달았다고 고백하면서 웃을 수도 있다. 자기를 향해 웃게 하면 진실을 더 쉽게 받아들이게끔 할 수 있다. 자기 자신을 향해 웃는 것이 어떻게 도움이 되는지를 상대에게 설명하는 것도 좋다. 당신은 그가 진실을 수용할 준비가 됐다는 것을 감지했음에도 뭔가 약간 어색한 느낌을 가질 수 있다. 이럴 때는 진실을 향한 당신의 여행에서 재미있었던 에피소드를 들려주면서 그가 자연스러움을 느끼게 할 수도 있을 것이다. 기억하라. 대화를 마무리하기 전에는 상대의 용기와 통찰을 인정해야 한다는 것을.

대화의 흐름을 유지하기 위해 변화가 필요하다고 느낄 때만 당신의 감정을 이용하라. 상대가 당신이 던진 질문에 답하고 있을 때는 그를 방해하지 마라. 그의 기분을 좋게 하려고 노력하기보다는 침묵하는 편이 더 효과적이다. 침묵은 단순히 입을 닫고 있는 것이 아니라 상대의 뇌가 자신이 배운 것들에 의미를 부여하도록 배려하는 '공간'이다.

어떤 감정이 느껴지든 상대를 진심으로 대하라. 당신의 역할은 그 사람이 다르게 느끼도록 조정하는 것이 아니라 대화가 진전되지 않거나 끝에 가까워졌을 때만 그 대화를 활성화시키는 것이다.

상대는 당신 덕분에 변화할 것이다. 혹시 상대가 변화하지 않더라도 실망하지 마라. 그는 자신이 있어야 할 곳에 당신도 조용히 함께 있어주길 원할 것이다. 상대의 슬픔, 당황스러움, 좌절은 모두 그의 뇌가 무엇을 중요시하는가를 암시한다. 머리, 심장, 소화관을 통한 경청에 능숙할수록 당신은 상대가 당신으로부터 감정적으로 무엇을 필요로 하는지, 당신에게서 어떤 말을 듣고 싶어 하는지 더 잘 알 수 있을 것이다. 상대는 당신에게 완벽함을 요구하기보다 당신이 자신과 함께 있어주길 더 바란다.

CHAPTER 4

핵심포인트

1. 심장과 소화관을 통해 신호를 감지하는 것을 직관이라고 부른다. 직관은 본능적이고 빠르며 감정에 기반을 두는데, 이런 신호를 읽는 것이 D-존 대화의 성공에 매우 중요하다.

2. 당신은 세 개의 처리센터를 통해 각기 다른 신호를 받게 된다. 머리로는 논리와 신념을, 심장으로는 가치와 욕구를, 소화관으로는 보호심리와 충동을 느낀다. 머리, 심장, 소화관을 모두 열고 그의 이야기를 들어야 당신이 던지는 질문도 더욱 자연스럽고 심오해진다.

3. 세 개의 센터를 활성화시키려면 신체적으로 몸을 정렬시킬 필요가 있다. 매 순간 스스로를 안정시킨 상태에서 상대의 이야기에 호기심을 느끼고, 동정하면서, 용기를 가져야 한다.

4. 경청하는 동안 머리, 심장, 소화관을 열어젖히고 균형을 유지하라. 불편함을 느낀다면 더욱 깊이 소화관(직감)에서부터 말하고 소화관을 통해 들어라. 짜증을 느끼거나 상대를 판단하기 시작한다면 다른 어떤 것보다 당신의 마음을 다시 여는 데 집중하라.

5. 무엇이 벌어졌는지 그 의미를 이해하느라 상대의 뇌가 버거워한다면 침묵하라. 상대가 무엇을 해야 할지 몰라 한다거나 몰입을 약속하고 대화를 끝날 때가 되면, 상호 분위기를 개선시키기 위해 노력하라.

DISCOMFORT
ZONE

5.

방어벽을
허물어라

"작게 생각하는 것은 성취를 제한할 뿐이지만, 무한한 상상력은 가능성을 확장시킨다."
_윌리엄 아서 워드William Arthur Ward

2009년 겨울, 나는 베를린에서 유럽경영기술학교ESMT, European School of Management and Technology가 주관하는 제1회 코칭 학회에 참석했다.* 학회의 주제는 '코칭의 힘든 점: 리더십 코칭의 어려운 사례들'이었다. 각 사례들은 코칭 프로그램을 진행할 때 의뢰인이 계획했던 목표들이 시간이 지날수록 흐릿해지는 현상을 있는 그대로 보여주었다. 의뢰인이 변화를 거부하는 모습들이 여러 방식으로 나타났고, 외부환경의 요인들도 코칭 효과에 여러모로 영향을 끼쳤다. 이런 상황에 대처하는 데 있어 코

---

* 유럽의 경영 및 기술 학교들은 매년 코칭 학회를 개최한다. 더 많은 정보를 원하면 다음 사이트를 참고하라. http://www.esmt.org/faculty-research/centerand-chairs/center-leadership-development-research-cldr/esmt-coaching.

치가 취할 수 있는 다양한 방법들이 있겠지만, 딜레마를 해결하기 위한 간단한 해법은 없었다.

여러 코치들은 자신들에게 보내진 각각의 사례를 읽고 거기에 적용된 코칭 접근방식에 대한 본인의 의견을 적어냈다. 베를린에 도착한 우리는 각 사례와 그에 대한 코치들의 의견을 검토하면서 여러 상황에서 펼쳐지는 대화를 풍부하게 얻을 수 있었다. 그후 이 사례들은 『코칭의 어려움 Tricky Coaching』이라는 책에 실렸다.*

학회 참석을 계기로 우리는 코칭의 가장 강력하고 중요한 요소가 바로 '정직'임을 깨달았다. 참가자들이 코칭의 딜레마에 빠졌을 때 서로가 느끼는 혼란스러움, 불화, 두려움에 대해 솔직히 이야기하고 그 내용을 다 같이 공유하는 정직함이 코칭에서는 무엇보다 중요하다는 것을 말이다. 학회에서 우리는 여러 사례들을 공유함으로써 많은 것들을 배웠고 한 발짝 물러서서 까다롭고 불편한 상황을 다양한 관점에서 생각하는 시간을 가졌다.

그래서 나는 당신이 동료들과 함께 토론하기를 바라는 마음으로 이 책에 몇 가지 사례들을 소개한다. 현재의 상황과 당신의 경험을 뒤돌아보며 이 사례들을 살펴본다면 향후에 직면할 대인관계에서의 복잡미묘함에 대처하는 데 큰 도움이 될 것이다. 이 책이 당신의 스킬을 발전시킬 수 있는 프레임과 테크닉을 담고 있는 것은 맞지만, 성공으로 가는

---

* Konstantin Korotov, Elizabeth Flortent-Treacy, Manfred F. R. Kets de Vries, and Andreas Bernhardt. *Tricky Coaching: Difficult Cases in Leadership Coaching*. Palgrave Macmillan, 2012.

완벽한 길은 없다. 그러므로 각 사례를 통해 본인의 대화 방식을 더욱 폭넓게 생각하는 시간을 가지길 바란다.

앞으로 소개할 사례들은 헬스케어 코칭 연구소Healthcare Coaching Institute에서 과정을 이수한 리더들이 공유한 이야기들,* 내가 공개강의나 기업강의에서 리더십 스킬을 가르칠 때 나온 이야기들, 내가 D-존을 활용해 리더들의 대화 스킬을 향상시켰던 멘토링 경험들, 그리고 코칭을 통해 직접 겪은 경험들을 토대로 구성했다. 이름과 회사명은 비밀 유지를 위해 가명을 사용했고, 몇몇 사례에서는 익명성 보장을 위해 인물과 대화 내용을 각색하기도 했다. 내용의 정확성을 기하기 위해 대화를 녹음했고 부득이한 경우에는 대화가 끝난 후에 내용을 기록했다. 리더들이 가장 흔하게 겪는 상황들이 담긴 사례를 위주로 골랐으니 혹시나 사례를 읽고 나서 당신의 경험과 유사하다고 느낄 수도 있겠지만 그것은 우연의 일치일 것이다.

각 사례를 읽는 동안 어떤 것이 잘된 것인지 판단해보고, 당신이 사례의 주인공이라면 어떤 부분을 좀 더 잘했어야 했는지 생각해보기 바란다. 다른 결과를 이끌어내려면 어떤 말을 하고 어떤 질문을 던져야 했을까? 함께 스터디하는 동료들이 있다면 각 사례를 검토하고 토론하는 시간도 가져보길 권한다.

앞서 언급한 DREAM 모델을 염두에 두어라. 접근 가능한 여러 방

---

* 헬스케어 코칭 연구소는 심화된 코칭 스킬을 연마하고 세계코치협회가 수여하는 자격증을 받고자 하는 세계 여러 조직의 리더와 코치들을 가르친다. 더 많은 정보를 원하면 다음의 사이트를 참조하라. http://pyramidresource.com/healthcarecoachinginstitute.

식들에 관해 토론할 때는 내면의 소리에 귀를 기울여라. 다른 사람들과 사례를 함께 공부하면 놀라운 지혜를 얻게 될 것이다. 더 많은 사례를 검토하고 싶거나 의견을 나누고 싶다면 다음의 웹사이트(http://outsmartyourbrain.com/discomfort-zone-cases/)를 방문해도 좋다.

저항 무너뜨리기

지금 소개할 세 가지 사례들은 생산적인 변화는 물론 상황을 수월하게 다루는 것도 막는 '방어벽'을 리더가 어떻게 무너뜨리고 대화를 시작하는지 보여준다. 첫 번째 사례는 관리자의 리더십 스타일과 영향력 확대에 필요한 것을 집중적으로 제시한다. 두 번째 사례는 동료들과의 불화에 대한 책임을 회피하려던 고성취자, 마지막 사례는 새로운 포지션에 적응하는 것을 어려워하는 사람의 이야기다.

이 세 사례들에는 리더들이 대화의 어려움을 헤쳐가기 위해 일반적으로 대응해야 할 주제, 패턴, 도전, 그리고 맹점이 무엇인지 잘 나타나 있다. 각 사례는 이야기의 주인공이 코칭을 받게 된 배경 설명에서부터 시작된다. 이어 코칭을 받으면서 주인공의 생각이 어떻게 변했는지를 설명하고, 말미에는 배운 것을 자신의 상황에 적용할 수 있도록 당신에게 몇 가지 질문을 던질 것이다.

사례 1: "아무도 날 존중하지 않아요."

↘ 배경

관리자 마틴은 리더와 D-존 대화를 나누기 6개월 전에 이 지역으로 발령받아 왔다. 15년 동안 근무하며 3개 국가에서 관리자 역할을 성공적으로 수행한 바 있는 그는 일상대화를 나눌 때면 따뜻하고 유쾌한 사람이었다. 자신이 어떤 타입의 리더인지 물었을 때 그는 조금도 망설이지 않고 스스로를 사교적인 사람이라 평가했고 본인의 성공도 사교성 덕분이라고 답했다.

그런데 마틴이 새로운 자리를 맡고 얼마 지나지 않아 문제가 발생했다. 이 지역 직원들의 성과가 썩 좋지 않았던 것이다. 직원들은 자신이 담당한 업무만을 처리할 뿐 그 이상은 신경쓰지 않았는데, 마틴은 이 문제가 문화적인 이유 때문이라고 설명했다. 직원들의 직업윤리는 형편없었고 회사에 대한 충성도 역시 바닥이었다. 모든 직원들은 일을 하는 둥 마는 둥하며 저녁 먹기 전에 무슨 맥주를 마셔야 하는지에만 관심을 가졌다.

↘ 주제와 패턴

업무관리와 리더십을 혼동하는 것은 경험 많고 신중한 관리자들에게서도 자주 일어나는 일이다. 다가가기 쉽고 편안하게 대화할 수 있는 사교적인 사람이라 해서 능력 있는 리더는 아니다. 사교적인 관리자들은 보통 본인이 직원들에게 즐거운 업무환경을 만들어주고 그들의 개인사를 챙겨줄 뿐만 아니라 인내심을 가지고 목표와 방향을 제시하기 때문에 당연히 문제가 생기면 그들이 자신을 찾아올 것이고 최선을 다하려는 동기 역시 충만할 것으로 간주한다.

마틴에게 부족한 것은 무엇일까? 그는 직원들이 업무에 좀 더 집중하고 노력하게끔 동기를 부여하는 데 필요한 것들에는 전혀 관심이 없었다. 즐거운 업무환경을 만드는 것에만 집중함으로써 '아무도 열심히 일하지 않는다'는 문제의 핵심을 파고들지 못했던 것이다. 친절하게 방향을 제시하고, 칭찬을 하고, 누구네 아이가 축구를 시작했고 누구네 아이가 야구광임을 안다고 해서 감정적 문제와 동기부여 문제가 해결되는 것은 아니다.

이것이 마틴과 리더 사이에서 D-존 대화가 시작된 계기였다. 마틴은 고참 직원들을 새로운 인력으로 교체해야 할 필요성, 문화적 및 상황적 요인들 때문에 문제 해결이 어렵다는 것에 대해 리더의 동의를 구하고자 했다. 마틴은 본인의 리더가 마법 같은 해결책을 제시하리라 기대했고, 한편으로는 나쁜 상황에서도 자신이 모든 것들을 잘 처리했음을 인정받고 싶어 했다. 이런 상황은 관리자가 사교적인 사람이든 업무 전문가이든 흔히 발생하곤 한다. 마틴의 말에서 발견되는 가정은 '직원들은 틀렸고, 모든 것을 시도해본 나는 옳다'는 것이었다. 그는 해결책의 실행자는 자기 자신이 아니라 다른 사람들이라고 여겼다. 직원들이 더 열심히 일하고 업무에 더 관심을 가져야만 모든 것이 나아질 거라 생각한 것이다.

➤ 대화할 때 리더가 유의할 점

대화에서 '바라는 결과'는 항상 상대가 결정해야 한다. 마틴이 말한 표면적인 문제는 의욕 없는 직원들에게 동기를 부여하는 방법을 찾는 것이었다. 하지만 냉소 섞인 마틴의 목소리는 이 문제가 문화적인 이슈임을, 그리고 현재의 직원들로는 변화 가능성이 없다는 믿음을 강하게 드러냈다. 이때 리더는 상대(여기서는 마틴)의 말이 사실이든 아니든 대화를 성공적으로 주도하기 위해 일단 그 이야기에 귀를 기울이고, 마틴의 직원들이 아니라 마틴이 갖고 있는 맹점에 대화의 초점을 맞춰야 한다. 그렇기 때문에 리더가 반응하고 탐색해야 할 대상은 바로 마틴의 행동이다. 마틴은 책임자로서 상황을 장악하고 있다고 생각하지만, 실은 그것의 개선은 고사하고 오히려 직원들의 저항만 강하게 불러일으켰을 수도 있기 때문이다. 그러므로 마틴의 행동에 초점을 맞추지 않으면 좋은 효과를 발휘할 수 있는 해결책은 나오지 않는다.

대화의 초기에 유대감과 안전지대를 형성하려면 상대가 감정을 마음껏 발산하게 해줘야 한다. 비록 당신이 이런 문제를 수없이 접해왔다고 해도 상대가 느끼는 실망감과 분노는 인정해주자. 문제의 진실은 그런 불평 속에서 드러날 것이다. 본인이 말하는 내용을 제3자의 입장에서 보게끔 하면 상대는 종종 자기 방식이 잘못되었음을 스스로 깨닫기도 한다. 그러면 리더는 상대의 접근방식과 상대가 직원들에게 보이고 싶어하는 모습 사이의 모순을 해결해줄 수 있다.

직원들의 업무관행을 비판하면 할수록 마틴은 점점 더 직원들을 무시했다. 또한 화가 날수록 업무에 관한 지시와 설명을 줄기차게 전달하는 패턴을 더 많이 보였는데, 이것은 직원들과의 대화 대부분이 그들의 잘못에 초점을 맞춘다는 의미였다. 마틴은 스스로를 쾌활하고 칭찬을 많이 하는 사람이라고 표현했지만, 알고 보니 전혀 그렇지 않았다.

마틴처럼 설명하는 상대의 말을 듣느라 짜증이 나고 화가 난다면, 차분하게 '심장의 뇌'로 그의 말을 경청하라. 상황을 설명하던 마틴은 자기가 직원들을 위해 해준 것들에 대해 직원들이 별로 고마워하지 않는다며 실망감과 불평을 쏟아냈다. 하지만 직원 입장에서 살펴보니 그들의 마음은 무관심으로 딱딱하게 굳어 있었다. '심장'으로 들으면서 떠오르는 질문을 던지면 상황을 전환시키기 위한 열쇠를 얻을 수 있다.

➤ 돌파의 순간

사실 많은 리더들이 상대에게 행동 변화의 방향을 이야기해주는 오류에 빠지기 쉽다. 상대가 해결책을 부탁했다 해도 이런 식의 조언은 오히려 상대의 냉소를 강화시킬 것이다. 아마도 상대는 제안된 해결책에서 잘못을 찾아내려 하거나 그런 방법은 이미 시도해봤다고 대꾸할 가능성이 크다. 다시 말해, 해결책을 알려주는 방식은 상대로 하여금 '나는 직원들의 성과를 변화시키기 위해 단기간에 모든 것들을 시도했다'는 확신만 줄 뿐이다.

신경학자이자 정신과 의사이고 홀로코스트 생존자인 빅토르 프랭클Viktor Frankl은 "우리가 더 이상 상황을 변화시킬 수 없을 때 우리는 우리 자신을 변화시켜야 하는 상황에 직면한다."라고 말했다. 이 사례에서 대화의 주도자는 타국 근무 중인 마틴의 상사였다. 그녀는 다국적 기업의 거대 사업부를 책임지고 있었지만, 이때는 마틴이 막 새로운 자리에 임명된 직후라서 이전까지 마틴을 만났던 것은 고작 몇 번에 지나지 않았다.

마틴의 이야기가 끝나자 돌파구를 찾아낼 순간이 되었다. 마틴의 상사는 자신의 진심을 담아 이렇게 물었다. "당신은 자신을 사교성 좋은 사람이라고 평가했는데, 직원들도 당신을 그렇게 보고 있나요?"

마틴은 몹시 당황했고, 머릿속으로 대답할 말을 찾으려는 듯 허공을 응시했다. 긴 정적이 흐른 후 그가 대답했다. "직원들도 저와 생각이 같길 바라지만, 저에 대해 어떻게 생각하는지는 잘 모르겠습니다."

그러자 상사가 말했다. "당신이 직원들에게 관심을 가지려고 노력한 건 알겠어요. 하지만 당신은 무엇이 직원들을 배려하는 것인지를 전혀 모르고 있어요."

"옳은 말씀입니다."

"조직을 변화시키고 싶은가요? 그렇다면 당신 자신은 어떻게 변화해야 할까요?"

"잘 모르겠습니다."

"어떻게 할지 모르겠다는 것, 바로 그것이 첫걸음이에요. 어떻게 하면 알 수 있을까요?"

마틴의 대답은 간결했다. "직원들에게 물어보면 되겠죠." 하지만 상사는 대화를 여기에서 끝내지 않고 마틴의 직원들이 개인적으로는, 또 팀 미팅에서는 어떤 모습을 보이는지 상세하게 물었다.

그후 대화는 동기부여라는 주제로 옮겨갔다. 상사가 말했다. "당신이 열심히 일한다는 건 잘 알아요. 당신은 자발적인 사람이라서 동기부여가 필요 없죠. 과거의 당신 상사들은 당신에게 어떻게 동기를 부여해줬나요? 업무성과가 아니라 당신이란 사람 자체를 보며 당신에게 힘을 주던 상사는 없었나요?"

마틴은 옛 상사들이 자신에게 새로운 업무나 역할을 맡기고 도전하게 했던 기억들을 떠올렸다. 그때마다 마틴은 자신이 팀에서 없어서는 안 되는 존재라는 데 자부심을 느꼈고, 옛 상사들 역시 마틴에게는 그만의 방식으로 성공할 수 있는 능력이 있다고 확신했다.

마침내 마틴은 사교성이 좋은 것만으로는 좋은 리더가 될 수 없음을 깨달았다. 그후 그는 직원들과의 개별 미팅을 가지고 그들이 각자의 업무에 어떤 의미를 부여하고 있는지, 자신들의 경력에서 바라는 것이 무엇인지 허심탄회하게 대화했다. 이러한 대화를 통해 그는 자신이 가져야 할 새로운 관점, 태도, 사고방식을 명확히 할 수 있었다.

🏹 이 사례에서 배울 점들

이 대화에서 어떤 문장이 효과적이었는지 다시 살펴보라. 리더가 짚어낸 감정, 말로 표현되지 않은 요구, 맹점은 무엇이었나? 당신이 볼 때 리더(마틴의 상사)가 놓친 부분은 무엇인가? 당신이라면 어떤 반문이나 질문을 던지고 싶은가? 이 사례가 D-존 대화의 좋은 사례라고 생각하는가? 해결책을 찾는 것이 너무 쉬웠는가? 만약 그렇다면, 마틴의 상사 입장에서 이 이야기를 어떻게 바라보고 싶은가? 이 질문들을 스스로 생각하거나 다른 사람들과 토론해보라. 그리고 당신의 동료들 중 누군가가 특정 문제 때문에 다른 직원들을 비난하고 있다면, 다음과 같은 질문들을 던져보라.

1. 어떤 욕구가 충족되지 않아서인가? 그는 무엇 때문에 분노와 짜증을 느끼며 상처받고 있는가? 상황은 어떻게 그 사람의 자아를 위협하고 있는가?
2. '자기가 생각하는 자신의 모습'과 '타인이 생각하는 자신의 모습' 사이에 어떤 차이가 있는가? 스트레스를 받거나 혼란스러운 상황에 처하면 그는 평소에 올바른 행동이라고 말했던 것과 다르게 행동하는가? 좋은 평가를 받지 못할 경우에 그는 어떻게 변하는가?
3. 어떤 부분을 고쳐야 하는가? 그는 자기가 어떻게 해야 하는지 잘 알지만 변화하기를 거부하는가? 아니면 어떻게 해야 하는지 아예 인식하지 못하는 맹점을 갖고 있는가? 두 가지 가능성을 모두 살펴보라.

이 사례에 나오는 대화를 똑같이 따라 하면 안 된다는 점을 명심하기 바란다. 비록 비슷한 질문들을 사용하더라도 질문하는 타이밍은 매우 중요하고, 이야기하는 상대의 언어로 적절히 반응하면서 질문을 던지자.

사례 2: "아무도 저처럼 신경쓰지 않아요."

⤷ 배경

레바는 승진을 원했다. 그녀의 성과는 대단히 뛰어났다. 타국으로 배치된 그녀는 그곳의 언어와 문화를 마스터했을 뿐 아니라 늘어난 업무도 완벽하게 수행했다. 그러나 리더는 그녀의 업무능력이 뛰어나다는 것에는 동의하면서도 동료들과의 관계를 개선하기 전에는 승진시킬 수 없다고 말했다. 동료들은 거들먹거리는 말투로 오지랖 넓게 조언하는 레바 때문에 마음이 불편하다고 리더에게 자주 불만을 토로했다. 레바의 상사 역시 그녀가 회의석상에서 동료들에게 공개적으로 잘못을 따지고 면박 주는 모습을 자주 목격했다.

정작 레바 자신은 팀원들이 업무를 더 열심히 할 수 있도록 자기가 많은 시간을 할애하며 도와주고 있다고 생각했다는 점에서 이 사례는 앞서 다룬 마틴의 경우와 유사하다. 다만 다른 점은 (레바의 눈에) 업무능력이 떨어지고 직업윤리에 문제가 있는 사람들은 부하직원이 아니라 동료라는 것이다.

레바의 상사는 내게 그녀를 코치해달라고 의뢰했지만, 그 대신 나는 그 상사에게 레바와 D-존 대화를 진행하는 법을 가르쳐주겠다고 제안했다. 다음의 '돌파의 순간'에서 언급될 이야기는 레바의 상사가 전해준 내용을 기초로 한다. 상사는 레바로부터 자신의 이야기를 사례로 사용해도 된다는 동의를 얻은 뒤 그녀의 행동에 어떤 변화가 있었는지를 내게 자세히 알려주었다.

⚓ 주제와 패턴

동료들의 존중과 지원은 성공에 필수적이다. 그럼에도 성취도가 높고 젊은 직원들 대부분은 실적관리 외의 어떠한 것에도 신경쓰지 않는 경향이 있다.[*] 그들은 시간이 없다거나 동료들을 경쟁에서 이겨야 한다는 이유를 대며 동료들과의 관계 형성을 무시한다. 시간적인 제약 때문에 지금은 신경을 못 쓰지만 나중에 적절히 행동하면 고칠 수 있다는 생각은 착각이다. 경쟁심이나 거만함을 누그러뜨리는 것은 예상보다 힘든 일이다.

고성취자들은 보통 유년기 시절부터 학급에서 가장 똑똑한 학생이라는 칭찬을 받으며 자라나는데, 이런 주변의 인정은 자존감을 높여주지만 협력하는 법은 알려주지 않는다. 또한 성적순으로 아이들의 우열이 드러나기 때문에 자신의 순위를 유지하려면 항상 친구들보다 뛰어나야 한다는 생각을 주입받음은 물론 공부 못하는 친구들의 생각에 공감하는 법도 배우지 못한다. 이런 학생들이 성인으로 성장하여 직장에서 일하게 되면 "네가 나만큼 하지 못한다면 결과는 형편없을 게 뻔해."라는 태도를 보이기 십상이다.[**] 여기에는 한 가지 모순이 존재한다.

---

[*] Scott Eblin. *The Next Level: What Insiders Know About Executive Success*. Davies-Black, 2006, page 137.

[**] Typical behavioral patterns of high-achieving women are detailed in: Marcia Reynolds. *Wander Woman: How High-Achieving Women Find Contentment and Direction*. Berrett-Koehler, 2010, pages 76~82.

고성취자들은 자기보다 뛰어난 사람이 없으면 좋겠다고 생각하면서도 팀원들 역시 자기만큼 뛰어난 능력을 갖추기를 바라기 때문이다. 이런 모순은 그에게 스트레스로 작용한다. 팀원들의 변화를 원한다면 고성취자는 말싸움을 거는 것 대신 그들을 도와주고 지지하는 것이 자신의 장기적 목표 달성과 더불어 성취에 대한 의미와 만족감을 높이는 데 더 낫다는 사실을 인지해야 한다.

이런 경우 D-존 대화에서는 대개 '나는 최고의 성과를 내지만 다른 팀원들의 성과는 죄다 수준 이하니 나는 변화를 거부하겠다' 혹은 '나는 원래 그런 사람이니 변화하지 않겠다'고 주장하는 패턴이 나타난다. 레바 역시 사례 1에서의 마틴과 마찬가지로 비난의 화살들을 모두 동료들에게 돌리고 있다. 동료들만 열심히 일하고 책임감을 가진다면 모든 게 잘 풀릴 것이라고 여기는 것이다. 이런 상황에서 문제의 당사자는 리더가 자신에게 동료들과 잘 지내라고 말하기 전에 그들을 더욱 강하게 밀어붙여야 한다고 생각한다.

➷ 대화할 때 리더가 유의할 점

진정한 변화를 바란다면 상대가 개선의 의지를 보여야 한다. 보상을 얻기 위해서가 아니라 그것이 옳은 일이기 때문이다. 때때로 고성취자들은 자기가 다른 사람들로부터 언제나 용인받을 수 있고 올바른 행동을 하면 그에 상응하는 보상이 있을 거라고 믿는다. 좀 더 나은 평가를 받아 승진할 것이라고 말이다. 하지만 그렇게 되려면 단순히 행동만이 아닌, 그에 부합되는 가치관과 태도의 변화가 수반되어야 한다. 오로지 대인관계 스킬에 초점을 맞춘 해결책들은 장기적인 변화를 보장하지 못한다.

대화 상대의 마음을 변화시키려면 개인의 정체성과 목적에 집중하는 대화가 이루어져야 한다. 관점의 프레임을 확장해야 행동 변화 역시 좀 더 분명하고 오래 지속될 수 있다. 리더로서 당신은 상대가 스스로를 고성취자라고 자만하게 만들지 말고, 다양한 커뮤니티 속에서 그 사람이 '나는 한 명의 인간이자 또 하나의 리더로 성장할 수 있다'라고 믿게끔 해야 한다. 그렇게 해야 상대는 타인들과의 관계 속에서 자아를 확장시킬 수 있을 것이다. 개인의 성취보다 더 커다란 목적이 존재한다는 것을 당신이 그에게 알려준다면 그는 세상과 동료들에 대한 관점을 넓힐 수 있을 것이다.

상대에게 현 상황을 개선해야 한다고 밀어붙여라. 그래야 그는 그 문제를 다시 일으키지 않는다. 고성취자가 문제의 원인을 팀원들에게 돌리며 비난하는 것은 흔히 있는 일이다. 만약 그가 '분위기가 다르고 핵심멤버로 구성된 팀으로 자리를 옮기면 내 능력을 최대로 발휘할 수 있을 것'이라고 말한다면 곧바로 이야기를 중단시켜라. 그 말이 사실이든 아니든 상대에게 리더로 성장하고 싶은 열망이 있다면 이 순간이야말로 해결책을 밀어붙일 완벽한 타이밍이다. 상대가 문제를 회피한다면 그 문제로 그의 인간관계는 계속 악화되겠지만, 현 상황을 잘 극복해낸다면 그는 행동뿐 아니라 자아에 대한 생각을 변화시킬 수 있다. 더불어 그는 뛰어난 성과를 달성하는 사람이 아닌 다른 사람을 돕는 이가 리더로서 설 수 있음을 깨닫게 될 것이다.

상대의 반응이 격렬해도 배짱을 가지고 대화에 임하라. 고성취자들은 열정적인 사람들이라서 대담하고 단호한 경향이 있다. 또 생각이 확고하기 때문에 그들의 방어벽을 무너뜨리려면 피드백과 질문을 던지고 요구를 하면서 강하게 나갈 필요가 있다. 대화 초기부터 그들이 당신을 존중하게 하려면 간단명료하고 분명하게 말해야 한다. 상대에게 올바르게 행동해야 한다고 말하면서 당신이 얼마나 직원들의 스트레스 지수에 신경쓰는지를 털어놓는다면 "저도 알아요, 알아."라는 반응만이 돌아올 것이다. D-존 대화에서 당신은 상대의 '생각 파트너'에 해당하니, 상대의 생각을 확장시키려면 그 사람만큼 직설적이고 강해야 한다.

↘ 돌파의 순간

레바가 상사와 D-존 대화를 나누는 동안 그녀를 잡아끈 두 개의 단어는 바로 '힘'과 '미션'이었다. 그녀가 기대하는 리더상과 관련 있는 것들이었기 때문이다. 상사는 승진이라는 그녀의 목표에 다가가도록 돕기 위해 이 대화를 시작하게 됐다고 말문을 열었다. 상사는 동료들을 대하는 언행과 태도를 제외하면 모든 면에서 레바를 신뢰했지만, 그녀에게 동료들과 잘 지내야 한다거나 그들의 부족함을 참아야 한다는 식으로 말하지는 않았다. 그는 '회사가 원하는 리더의 모습 중 하나는 동료들과 조화를 이루고 구성원 전체에게 영향을 미치는 것'이라고 이야기하며 레바가 이러한 도전을 어떻게 받아들일지 궁금해했다.

상사는 그녀의 현재 목적이 무엇인지, 그리고 승진한다면 그 목적이 어떻게 바뀔 것인지 질문함으로써 레바가 느끼는 자아정체성을 파악하기 위한 대화로 옮겨갔다. 레바의 말에서는 힘이 느껴졌고, 탁월함에 대한 그녀의 열정은 가슴 깊은 곳에서 뿜어져 나왔다.

진실의 순간은 상사가 다음과 같이 말하자마자 찾아왔다. "당신은 강하고 똑똑한 여성이에요. 탁월함을 향한 집중력은 정말 존경할 만하죠. 나는 당신이 엄청난 힘을 가질 거라 믿어요. 하지만 동료들이 더 열심히 효율적으로 일하길 바라는 당신의 기대는 그들에게 힘을 주기보다는 강요하는 것으로 느껴져요. 동료들이 당신을 존경하게 하려면, 또 당신이 그저 강한 여자가 아니라 자신들을 이끄는 강력한 리더로 여기게 하려면 어떻게 해야 할까요?"

레바가 말했다. "전 항상 힘이 있어야 한다고 생각했어요……." 그녀는 잠시 말을 멈추고 크게 한숨을 쉬더니 이렇게 덧붙였다. "동료들과 싸우는 건 이제 그만해야겠네요."

"동료들이 스스로 업무를 잘 처리하도록 도우면 어때요? 그들과 대립하지 말고요."

"네, 알겠습니다. 그들이 문제로 여기는 게 뭔지, 그들이 절 경쟁자로 느끼지 않게 하려면 제가 그들을 어떻게 도와야 하는지 이제야 알 것 같습니다."

"그러면 당신은 동료들에게 어떻게 해야 하는지 가르치거나 그들의 문제를 고쳐줄 생각인가요?"

"아니, 아니에요. 그래서는 안 되죠. 만약 제게 좋은 아이디어가 있다면, 저는 동료들이 그걸 원하도록 비전을 보여줘야 합니다. 약간의 영업적인 기술이 필요하겠죠."

상사가 물었다. "당신의 목적과 미션을 다시 말해줄래요?"

레바는 동료들이 자기를 리더로 인정해주기를 바란다는, 자신이 진정으로 원하는 바를 이야기했다. 그녀는 탁월함에 대한 갈망을 버리고 싶어 하진 않았지만, 한 팀으로 함께 일할 수 있도록 동료들을 고무시킬 수 있다면 그들의 리더로 자연스레 인정받을 것이라 생각했다.

그러나 상사는 이러한 그녀의 생각을 마지막 해결책으로 받아들이지 않았다. 그는 레바에게 질문을 던졌다. "내가 어떻게 당신 말을 믿죠?"

"무슨 말인가요?"

"전에는 안 그랬는데 왜 이제 와서 그렇게 하고 싶어진 건가요?"

"저는 제가 리더로 인정받길 원합니다."

"알아요. 하지만 그렇게 하면 리더가 된 듯한 기분이 들까요?"

"사실 동료들한테 굴복당한다는 느낌이 들긴 해요."

"그래요?"

"해보기 전에는 어떻게 느낄지 모르겠지만, 만일 변화가 보인다면 확신을 가지게 될 것 같아요. 직접 겪어봐야 알 수 있지 않을까요? 제가 그 방법을 시도한 후에 다시 이렇게 대화하는 자리를 가질 수 있을까요?"

"기간은 어느 정도면 될 것 같아요?"

"몇 달이면 충분할 것 같아요."

"팀 전체 회의를 한 달에 한 번씩 하니까 우리의 미팅도 그렇게 하기로 정하죠. 만약 도중에 잘 안된다 싶으면 바로 알려주세요. 알겠죠?"

"네, 하지만 저도 동료들과 일대일로 대화하는 기회를 가졌으면 좋겠어요. 그래야 각자 어떤 업무를 하고, 또 제가 어떻게 도울 수 있는지 알 테니까요. 제 생각에 그들은 저를 아직 신뢰하지 않을 거 같아요."

레바와 상사는 팀 회의 때, 혹은 점심을 먹으며 사적인 대화를 나눌 때 어떻게 해야 레바가 동료들의 신뢰를 얻을 수 있는지에 관해 의견을 교환했다. 상사는 레바를 믿는다는 말과 함께 그녀가 요청할 때만 도움을 주겠다는 말로 대화를 마무리했다.

이후의 대화에서 레바는 상사에게 '근본적인 부분을 진심으로 개선하고 싶다면 성과 외에 인간관계에도 신경써야 한다'는 사실을 깨달았다'고 말하며, 동료들로부터 자신의 리더십에 대한 평가는 물론 생각에 관한 피드백도 언제든 받겠다고 했다. 사실 이렇게 하려면 대단한 용기가 필요하다. 그녀는 동료들과의 미팅에서 감정과 반응을 조절하기 위해 무척 노력했고, 동료의 성과에 의문이 들 때면 스스로에게 '나는 리더로서 어떻게 행동해야 하는가?'라는 질문을 던졌다고 고백했다. 그녀의 상사는 승진 시즌이 되면 좀더 편안한 마음으로 그녀를 추천할 수 있을 것 같다고 내게 귀띔했다.

⚓ 이 사례에서 배울 점들

이 대화에서 어떤 점이 효과적이었는지 다시 한 번 살펴보자. 리더가 짚어낸 감정, 말로 표현되지 않은 요구, 맹점은 무엇인가? 당신이 볼 때 리더가 놓친 부분에는 어떤 것들이 있는가? 당신이라면 어떤 반문이나 질문을 던지고 싶은가? 이 사례가 D-존 대화의 좋은 예라고 생각하는가? 해결책을 찾는 것이 너무 쉬웠는가? 그렇다면 당신은 어떻게 했어야 한다고 생각하는가?

덧붙여, 만약 타인을 너무나 엄격하게 평가하는 바람에 인간관계에서 고충을 겪고 있는 사람이 당신의 동료라면 다음의 질문들을 스스로에게 던져보라.

1. 그 사람의 자아는 어떤 가치들로 형성되어 있는가? 그의 직업관은 자아를 어떻게 규정하는가? 그리고 그가 믿는 것이 곧 직장에서 그가 추구하는 미션인가? 그의 미션을 다른 사람들은 어떻게 느끼고 있는가? 억압적, 혹은 반대로 고무적으로 받아들여지는가? 과연 그의 미션은 그가 수행하는 업무 혹은 그의 열망과 일치하고 있는가?

2. 그는 '힘'을 무엇이라고 정의하는가? 상사와의 관계를 고려할 때 그는 어떤 방법으로 힘을 사용하기를 원하는가? 그는 그 방법이 동료들을 억압하지 않고 오히려 고무시킬 수 있다고 믿는가? 힘을 그런 식으로 사용하는 것에 대해 그는 어떤 불편을 느끼는가?

3. 슈퍼스타나 영웅이 되기 위해 그가 포기해야 하는 것은 무엇인가? 그저 더 나아지기 위해 수년 동안 자신의 정체성 일부를 포기해야 하는 것 말고 그가 자기에게 스스로 부여할 수 있는 명분으론 어떤 것들이 있는가?

새로운 방식으로 다른 사람들과 어울리는 것은 꽤나 불편한 일이기 때문에 시간을 충분히 주어야 한다는 점을 명심하라. 행동을 변화시키기 위한 첫 발자국을 떼기까지 상대는 매우 힘이 들 것이다. 엄청난 스트레스와 의심 속에서 자신의 의지를 견지하기 위해 그는 당신의 도움을 필요로 한다.

사례 3: "과거에 그랬다고? 그래서 어쩌라고?"

✎ 배경

이번 사례는 직무 이동이 일으키는 현실적인 문제를 보여준다. 비록 하나의 특정 상황을 반영한 것이기는 하지만, 자기 삶에서 상당한 역할의 변화를 경험하는 사람이라면 누구에게나 이 사례에서의 주제와 패턴 그리고 돌파의 순간이 동일하게 적용될 수 있다. 그 역할 변화가 본인의 선택이든, 조직이나 가족에 의한 선택이든, 아니면 건강상의 문제로 생겼든 말이다.

존은 대기업에서 근무했는데, 그 회사에는 기술 전문가가 일정 주기로 번갈아가면서 핵심 의사결정자의 역할을 맡는 전통이 있었다. 몇몇 전문가들은 높은 지위의 리더로 올라가겠다고 선택하기도 했지만, 그런 자리들에는 정해진 기간이 있기 때문에 보통 4년이 지나면 다른 자리로 이동해야 했다. 존은 모든 사업부를 총괄하는 최고총괄책임자 자리에 앉기 전에 크고 작은 리더의 역할을 여러 번 맡았다. 그는 다른 사람들의 임기보다 세 배나 더 긴 12년동안 최고총괄책임자로 있었다. 이러한 예외가 적용된 까닭은 연거푸 터진 두 번의 불황과 몇 번의 대규모 구조조정 때문이었는데, 이런 폭풍우 속에서도 존은 회사를 성공적으로 이끌었다.

연임 여부를 결정받아야 할 시점이 되자 존은 그 자리에서 물러나 아래 단계로 이동하기로 결심했고 직원들은 주저하다가 그 결정을 받아들였다. 존은 리더 자리로 이동하는 직원들을 멘토링하고 코칭하는 '리더십 개발팀'으로 옮기기로 결정했다. 존이 10년 넘게 기술 전문가로 근무했기 때문에 이러한 이동은 납득할 만한 것이었다. 게다가 그에게는 젊은 리더들과 공유할 만한 풍부한 지식과 축적된 노하우가 있었다.

존이 상사와의 대화를 원했던 이유는 경청과 코칭 스킬을 개선하고 싶어서였다. 그는 젊은 리더들이 스스로 생각하는 힘을 기르는 데 코칭이 큰 도움이 된다는 것은 물론, 젊은 리더들이 위기에 직면해도 자신이 직접적으로 해결책을 말하면 안 된다는 것도 잘 알고 있었다.

하지만 존은 자신이 질문하는 것을 어려워하는 데다 상대의 이야기를 경청하지 않은 채 곧바로 해결책을 제시하려 한다는 고민을 털어놨다. 그는 성급하게 판단해서 해결책을 말해주려는 습관을 버리기 힘들어했지만, 진심으로 자신이 변화하길 원했다.

❧ 주제와 패턴

신화학자 조지프 캠벨Joseph Campbell은 "인생에서 이미 지나가버린 시간은 가도록 놔두고 다가올 미래를 받아들여라."라고 말했다. 주도적으로 변화하려면 무엇을 포기해야 하는지를 분명히 알아야 한다. 이런 관점을 가지면 과거의 미련 때문에 힘들지라도 다음 단계로 나아가기가 훨씬 용이하다.

내 예전 의뢰인 중 한 사람은 응급구조원으로 활동하다가 교직을 얻고자 했다. 류마티스형 혈관염이 심해져 더 이상 현장 근무가 불가능했기 때문이다. 그녀는 '인생에서 이미 한 번의 황홀한 경험을 맛본 후에도 만족할 만한 삶을 만들어갈 수 있을까?'라는 심오한 질문을 스스로에게 던졌다.

온갖 스포트라이트를 받던 사람이 다른 사람들을 주목받게 도와주는 역할을 맡게 된다면 그 변화를 이겨내기가 그리 쉽지 않다. 추구해야 할 가치가 '나는 정말 일을 잘한다(회사를 위해, 팀을 위해, 가족을 위해, 공동체를 위해, 혹은 인류를 위해)'에서 '그들은 정말 일을 잘한다'로 바뀌어야 하기 때문이다. 리더들은 '나는 이러이러하다'라고 강조하는 직원들을 조직의 모든 계층에서 목격할 것이다. 조직의 슈퍼스타 직원들이 조직의 수장으로 올라가든, 엄청난 경력을 쌓은 자가 뒤로 물러나든 해도 말이다. 역할의 변화는 가족이나 건강 문제 등 무엇 때문에라도 언제든지 일어날 수 있다.

일반적으로 성공한 고참 리더들은 빠르게 변화하고 혼란스러운 조직 내에서 독립적이고 스스로 결단하는 사람들이라서, 인내심을 가지고 다른 사람들이 스스로 결정하도록 돕는 역할을 수행하기 힘들어할 수 있다. 또한 자신들이 잘 경청하지 않아서 놓치는 부분이 있고, 젊고 똑똑한 리더들을 교육시키는 것만이 자기 역할의 전부가 아님도 잘 알고 있다. 하지만 본인의 스타일을 바꿔야 한다는 결정적인 이유를 찾지 못하면 역할 변화에 성공하기란 상당히 어렵다.

존의 사례에 해당하는 D-존 대화의 패턴은 '나는 새로운 역할을 맡기에는 완벽하지 않다'는 이유로 자책을 하거나, 문제의 해결책(즉, 자신이 무엇을 해야 하는지)은 이미 잘 알고 있지만 좀 더 훈련이 필요한 경우에 적용할 수 있다. 이 사례에서 존은 자신의 개인적 실패를 자책하고 있다. 하지만 실수를 자책하는 것과 역할 변화에 따른 책임을 지는 것은 별개의 사안이다. 존은 '나는 이런 사람이었어.' '지금껏 그래왔듯이 내 방식은 이러이러해.'라는 생각들이 자기 안에 얼마나 강력히 자리 잡고 있는지 인식하고, 그 확신들이 새 역할을 전적으로 받아들이는 데 있어 방해요소로 작용한다는 것을 깨달아야 했다.

🦅 대화할 때 리더가 유의할 점

문제해결에 집착하는 대화는 금물이다. 당신 앞에 있는 상대는 자신이 무엇을 해야 하는지 정확히 알고 있지만 행동 변화를 위해 자기의 자존심을 누를 준비가 안 되어 있거나, 예전의 익숙한 역할만을 여전히 기억하고 있거나 과거의 영광에 취해 있을 수도 있다. 그는 당신에게 왜 변화가 힘든지, 또 그것을 머리로는 알고 있지만 실제로 해낼 수 없다는 사실이 자기를 얼마나 힘들게 하는지 이야기하며 당신에게 해결책을 제안해달라고 요청 혹은 (심하게 표현하자면) 구걸까지도 할 것이다. 이럴 때는 스킬 향상 방법에 대해 편하게 대화하다가 자연스럽게 변화의 가치, 그리고 변화에 실패할 경우 나타날 결과로 대화를 심화시키는 것이 좋다. 이렇게 하면 그는 자신에게 도움이 될 (그리고 당신에게 고마워할)

참신한 아이디어를 떠올릴 수 있다.

하지만 그 해결책을 받아들이지 마라. 그는 자신이 알고 있는 본인의 모습과 과거의 영광에 사로잡혀 있는 자기의 모습을 떠나보내야 한다.

그러니 해결책을 찾아내려 하기 전에 그가 과거의 위치에서 어떤 사람이었는지를 표출하게 하자. 그에게 자신의 기억을 되돌려보라고 하고, 자기가 얼마나 중요한 사람이었으며 얼마나 대단한 성과를 달성했는지 당신에게 이야기하게 하라.

'현재의 나'가 '과거의 나'만큼 강하지 않다고 느끼면 생각의 전환이 일어날 가능성도 낮아진다. 그가 과거의 영광스러운 순간을 언급하면 그가 앞으로 나아가는 데 중요하거나 도움이 될 만한 것이 있는지 곧바로 살펴라. 어떻게 하면 그가 예전처럼 자신을 바라볼까? 만약 자신의 미래에 대한 확신을 뚜렷이 느끼지 못한다면 그는 역할 변화에 실패할지 모른다.

만약 그가 앞으로 나아갈 준비가 덜 되었다면, 과거에 그가 맡았던 역할을 더 잘 수행하는 사람은 어디서든 나온다는 가능성을 일깨워라. 열정 없이 해도 된다고 믿는 일, 그 일을 하는 것은 서로에게 최악의 시나리오다. 그렇다. 설렁설렁 일하기로 마음먹기 전에 그에게 새로운 역할에 도전할 수 있는 기회를 주자. 당신은 그가 '나는 완벽하지 않으니 실패할 것'이라고 단정짓지 못하게 해야 하지만, 새로운 역할에 능숙해져야 한다는 이유를 스스로 찾지 못한다면 그의 자신감과 자존감은 곤두박질치고 말 것이다.

만약 그가 역할 변화를 확고히 원한다면, 그는 자신의 인생에서 다음 단계로 나아가기 위해서는 과거의 영광을 그저 과거로 남겨둬야 한다는 사실을 받아들여야 한다.

과거의 영광이 끝났음을 인정하려면 감정의 변화를 겪어야 한다. 다른 사람의 발전을 위해, 가족을 위해, 혹은 자신을 위해 쏟아부은 시간이 얼마나 좋았는지와 관계없이, 과거의 영광에 안녕을 고하는 일에는 슬픔이 동반된다. 상대는 자신이 잃어버린 것을 깨닫는 순간 고통스런 감정이 밀려든 나머지 대화를 잠시 멈추고 생각할 시간을 달라고 말할지 모른다. 그것은 자신에게 슬퍼할 시간이 필요하다는 뜻이다. 당신이 진심으로 그의 이야기를 경청한다면 언제 한 발짝 물러나야 할지 바로 감지할 것이다. 그가 엄청난 용기를 내어 자신의 감정을 드러냈다는 것을 알아차리고, 어떻게 하면 당신이 그를 도울 수 있는지 물어라. 만약 그가 생각할 시간이 필요하다고 말한다면 만날 시간을 다시 정하라.

상대가 과거의 기억에 매달려 있다면 단호하면서도 동정하는 마음으로 대하라. 당신의 일이 리더를 육성하거나 조직의 변화를 총괄하는 것이라면 이런 대화의 패턴에 익숙할지 모르지만, 상대에 따라서 대화는 다르게 진행되기 마련이다. 자존심을 지키려는 무의식적인 움직임은 그때그때 다르므로 매번 같은 질문으로 당신이 원하는 결과를 얻을 순 없을 것이다. 현재의 상황에 집중해야 옆길로 새지 않는다. 그러니 대화 상대가 사용하는 단어들과 그가 내비치는 감정을 기반으로 하여 당신이 어떻게 반응하고 질문할지 대강의 틀을 짜두어라. 그렇지 않으면 문제의 핵심을 드러내지 못하는 논리적 대화의 함정에 빠질 것이다.

흔들리지 말고 질문에 집중하라. 자존심을 보호하려는 그의 방어벽은 강할 것이 분명하지만, 당신은 그것을 뚫고 들어가 그 사람이 한 단계 전진하도록 도와야 한다.

↘ 돌파의 순간

대화를 나누던 도중, 존은 이 대화를 통해 본인이 얻으려는 결과가 스킬 개선과는 아무 상관이 없음을 금세 깨달았다. 그는 자기가 더 발전시켜야 하는 스킬은 무엇이고 또 그것을 사용할 때 얻는 이점은 무엇이며, 자신이 새로운 역할을 즐겁게 수행할 수 있다는 사실도 잘 알고 있었다. 그는 직원들과의 대화에서 조급함을 견디지 못하고 직원의 말을 경청하지 못한다는 사실 때문에 스스로를 자책했다. 그리고 다음 단계로 나아가지 못하게 자신을 가로막았던 것이 무엇인지 규명할 때가 왔음을 깨달았다.

존은 자기의 코칭 스킬에 대해 이렇게 설명했다. "저는 직원을 코칭할 때 항상 저 자신을 일깨우기 위해 스스로에게 이렇게 말해요. '질문해야 해, 질문! 두 번째 질문을 던질 시간이야. 내 의견을 말하려 하지 말고 세 번째 질문을 던져야 해.'라고 말이죠. 제게 코칭은 엄청나게 힘든 일입니다."

존의 상사는 이렇게 대꾸했다. "의견을 제시하고픈 욕구를 참으려고 애썼다는 말처럼 들리는군요."

"저는 이런 단점을 고치고 싶습니다."

"고치고 싶어 한다는 건 알겠는데, 진짜로 그러길 원하는지는 잘 모르겠네요."

"당연히 저는 진짜 고치고 싶어요. 그렇지 않다면 시도할 생각도 안 했을 겁니다."

"존, 나는 당신이 현재 역할을 성공적으로 수행하려면 뭘 잘해야 하는지 이미 알고 있다고 생각해요. 정확히는 말할 수 없지만 내 생각에는 뭔가가 작용하고 있는 듯해요. 의견을 말하려는 욕구를 누르고 질문을 해야 한다는 것보다는 지금 작용하고 있는 것이 무엇인지 알아내는 게 중요해요. 당신에게 있어 우선순위는 여전히 직원들에게 당신의 의견을 제시하는 거예요. 당신이 질문하려는 목적은 질문 자체를 위해서라기보다 어서 빨리 당신의 의견을 말하고 싶어서인 것 같고요."

"그래요. 그게 바로 제가 코칭에 애를 먹는 이유죠. 제가 무엇을 잘못하고 있는 걸까요?"

"어떤 점이 가장 힘든가요?"

"말하고 싶은 것이 있으면 저도 모르게 바로 튀어나와요. 그것이 제가 힘들어하는 것들 중 하나입니다. 직원들이 고충을 털어놓을 때면 저는 그들에게 중요한 것이 무엇인지 파악하려 하기보다는 답을 주려고 해요. 그러지 말아야지 하면서도 잘 안되네요. 높은 지위에 있다가 지금의 역할을 수행하는 건 쉽지 않은 일인 데다 전 여전히 같은 회사를 다니고 있잖아요. 사실 아주 드문 경우죠."

"직원들은 요즘 당신을 어떻게 보고 있나요?"

긴 정적이 흐른 후 존이 빠르게 답했다. "솔직히 말씀 드리자면 저는 제 업무가 아주 마음에 듭니다. 직원들과 함께 성장한다는 것은 즐거운 일이니까요. 그런데 저는 언젠가 높은 지위에서 내려와 다른 역할을 맡게 되리란 걸 알고 있었음에도 정작 준비가 덜 됐던 모양이에요. 어쨌든 인사이동은 좋은 목적으로 하는 것이겠죠."

"그래서 지금 당신은 얼마나 중요한 사람인가요?"

존은 시선을 피하며 답을 찾기라도 하는 듯 천장을 두리번거리더니 이윽고 바닥을 바라보며 조용히 말했다. "제가 이 역할을 수행할 수 있는 이유는 직원들이 바라기 때문이에요. 머리로는 의견을 말하려는 욕구를 끊어야 한다는 걸 알겠는데, 왜 그렇게 못 하는지 모르겠어요."

"새로운 역할을 수행하면서 무엇이 가능해졌는지 말씀해주시겠어요?"

"잘은 모르겠는데, 인생의 전환기에 있는 것 같아요. 지금의 상황이 가족에게도 좋고 리더십 개발 업무 역시 마음에 들지만, 전 아직 과거를 그리워하고 있어요."

"예전에도 이렇게 큰 역할 변동이 있었나요?"

존은 기술 전문가로 일하다가 리더가 되면서 경험했던 고생담을 이야기했다. 이야기를 하던 도중에 존은 이렇게 말했다. "지금 말하는 내용을 적어야겠어요. 엄청난 경험이었죠."

상사는 존에게 적을 수 있는 시간을 준 다음 이렇게 말했다. "제가 볼 때, 당신이 역할을 멋지게 수행한다면 직원들은 기꺼이 자신을 낮추고 배우려는 당신에게서 큰 도움을 받을 겁니다. 당신의 역할이 얼마나 중요하고 강력한지 아시겠어요?"

"네, 맞습니다."

"하지만 정말로 중요하다고 믿나요? 당신은 그저 코칭 스킬을 적용하는 게 아니라 '당신이 생각하는 자기 자신'을 변화시키고 있는 중이에요. 마치 이 프라이팬에서 저 프라이팬으로 던져진 핫케이크 같은 상황이죠. 당신에겐 여전히 영향력이 있어요. 과거의 영광은 과거의 일로 남겨둬야 경력의 다음 단계가 얼마나 멋있는지 느낄 수 있지 않을까요? 그러려면 제가 뭘 도와드릴 수 있을까요?"

존은 대화 내용을 곱씹어볼 시간이 필요하다고 말했다. 그후 다시 만났을 때 두 사람은 과거의 영광을 조금씩 그리고 꾸준히 떠나보낼 수 있는 방법에 대해 논의했고, 존이 경험한 변화에 대해서도 이야기를 나눴다. 존은 직원들이 고민을 털어놓을 때 의견을 제시하려는 욕구를 누르고 그들로 하여금 자신들의 딜레마를 충분히 생각하게끔 돕는 것이 제법 쉬워졌다고 말했다. 비록 아직 완벽하지 않다는 건 잘 알고 있지만, 그는 더 이상 실수 때문에 자신을 책망하지는 않았다. 그리고 마침내 존은 자신의 미래를 긍정적으로 바라보게 되었다.

↘ 이 사례에서 배울 점들

이 사례가 경력 전환을 경험하는 사람들에게 도움이 되는 예시로 적절하다고 생각하는가? 아니면 해결책이 너무 단순해 보이는가? 그렇다면 당신은 이 시나리오의 전개에 대해 어떻게 생각하는가? 또 당신이라면 어떻게 했을 것 같은가? 아래의 질문들을 스스로 생각하거나 주변 사람들과 토론해보라.

1. 강제로 업무가 전환되는 경우, 바뀌는 동기와 바뀌지 않는 동기는

무엇인가? 새로운 자아로 첫출발하려면 무엇을 인정해야 하고 무엇을 포기해야 하는가?

2. 변화해야 한다고 조언을 받아도 자신의 현재 방식이 최고라고 고집하는 사람이 있는가? 만약 있다면 그 사람은 변화에 성공할 수 있을까? 아니면 역할 변화를 전적으로 수용하지도 않고 노력도 하지 않을까? 다른 가능성을 찾아보기 전에 그가 진짜로 믿고 있는 근본을 파악하자.

3. 그는 자신이 옮겨간 자리를 진정으로 원했는가? 과거의 영광과 작별하지 않으면 그는 이 질문에 대답하기 어려울 것이다. 그러나 그가 더 이상 과거에 미련을 두지 않는다면 당신은 그와 대화를 나누며 무엇이 잘되고 있고 무엇이 어려운지, 그리고 그가 어떤 미래를 꿈꾸고 있는지에 초점을 맞출 수 있다.

경력의 변동과 인생의 전환은 일시적 이벤트가 아니라 점진적인 과정임을 명심하라.* 당신의 대화 상대는 과거에 대한 미련을 버리는 지점과 미지의 미래로 향해가는 지점 사이의 어디쯤에 위치하고 있는가? 이 과정에는 용기가 필요하다. 이런 대화에는 당신과 상대 모두의 배짱이 필요하다. 과거의 영광을 떨쳐버릴 만큼의 용기가 상대에게 있어야 당신은 그가 가슴에 품은 꿈이 실현되도록 도움을 줄 수 있다.

---

* William Bridges. *Transitions: Making Sense of Life's Changes*(2nd ed.). Da Capo Press, 2004.

DISCOMFORT ZONE

6.

미래를
받아들여라

———

"방향을 바꾸지 않는다면, 결국 그대가 향한 그곳에서 머물 것이다."
_노자

친구들에게 대중 강연가가 되고 싶다고 말했을 때 한 친구는 내게 무대에서 좀 더 자연스럽게 보이도록 즉흥 연기를 배우면 어떻겠냐고 제안했다. 그 말을 듣고 연기 워크숍에 참가해봤다. '난 연기자가 아니야.'라는 생각이 계속 머리에 맴도는 바람에 연기 연습은 싫었지만, 자유롭게 말하고 행동하던 그때만큼은 기분이 아주 짜릿했다.

그후 2년간 나는 석 달에 한 번씩 주말에 열리는 워크숍에 참가하기 위해 비행기를 타고 L.A로 날아갔다. 주어진 대본을 재미있게 연기해야 한다는 지시는 없었지만, 함께하는 친구들은 유쾌하게 연습에 참여한 것과 달리 나는 드라마틱한 대사를 선호했다.

하루는 선생님이 나를 한구석으로 부르더니 오늘 하루만 기운을 내달라고 말했다. 이유를 물으니 그녀는 내가 지적으로 보이거나 심오한 말을 내뱉지 않았으면 좋겠다고 대답했다. 그녀는 내가 그저 평범하기를 원했고, 어떤 의미에서는 좀 지루해질 필요가 있다고도 했다.

"지루해질 필요가 있어야 한다니요?" 내가 물었다. "저는 재미있고 활발해 보이려고 엄청나게 노력하고 있는데요."

"그게 문제죠." 그녀가 대답했다. "사람들은 당신이 똑 부러지게 말한다고 해요. 어떨 땐 감동도 받고요. 하지만 당신은 그들의 인생을 바꾸지 못해요. 사람들은 당신이 어떤 사람인지 모르고 추측할 수도 없으며, 어떤 생각을 가졌는지도 알지 못해요. 그러니 자연스러운 당신의 모습을 보여주고 사람들이 당신에게 빠져들게 하세요. 전에 당신이 복도에서 친구들과 이야기하는 모습을 봤는데, 남에게 똑똑하게 보이려 하지 않을 때 당신은 아주 유머가 풍부하고 다가가기 쉽게 느껴졌거든요."

나는 마음이 좀 상했다. 아니, 그보다는 화가 났다고 해야 정확하다. 내가 재미있는 사람이 되어야 한다고? 코미디언도 아닌데? 나는 내가 엔터테이너라고 생각했던 적이 한 번도 없다. 어떻게 내가 아닌 내가 될 수 있다는 걸까? 나는 옆문을 통해 그곳에서 빠져나갈 궁리를 했다.

그러나 그녀는 내 팔을 잡아끌며 무대 위로 올라가더니 친구들에게 내가 다음 연습 때 첫 연기자가 될 것이라고 말했다. 그녀는 나와 친구들에게 빈칸이 많은 대사를 건네주고는 무대 위에 차례로 올라와 가능한 한 솔직하게 빈칸을 완성시켜 말하라고 주문했다. 가상의 관객들을 향해 우리가 어디서 어떤 이유로 태어났고 어디서 어떻게 자랐으며, 현재 거주하는 곳은 어디고 왜 그곳에 살게 됐는지, 그리고 나중에 죽는다면 어디에서 죽고 싶은지와 그 이유를 빈칸에 넣어 연기하라고 말이다. 나는 여러 장소들과 각각의 이유를 단조롭고 전혀 똑똑해 보이지 않는 말투로 전달했다.

어떤 이유 때문인지 모르겠지만, 내가 매번 말할 때마다 여기저기에서 웃음이 터져나왔다. 이쯤하고 끝내야지 생각하는 부분에 이르렀을 땐 내가 미처 끝내기도 전에 친구들 전체가 함성을 질러댔다. 나는 무슨 말을 해야 할지 몰라 그저 멍하니 서 있었는데, 그런 표정조차 친구들에겐 내가 대사를 마무리하는 장면처럼 보였던 모양이다. 박수갈채가 터지고 나서야 나는 웃을 수 있었다. 이 모든 것을 곁에서 지켜보던 선생님은 내 손을 잡고 귀에 속삭였다. "다시는 스스로를 속이지 말아요."

그녀가 친구들에게 내 연기를 보면서 웃어야 하는 포인트와 그렇지 않은 포인트를 손짓으로 알려줬을지도 모르겠지만, 내가 누구이고 어떤 일을 하는 사람인지에 대한 나의 인식은 그날 이후로 완전히 변했다. '이런 사람이 되어야 한다'는 생각은 사라져버렸고, 내가 해야 한다고 생각했던 일은 새로운 형태로 전환됐으며, 일상이나 진지한 상황에서 분위기 전환을 위해 유머를 구사해야 한다는 강박에서 벗어나자 사람들과도 더욱 편하게 만날 수 있었다. 선생님은 마치 다 알고 있었다는 듯내 겉포장을 벗겨냈고, 그 덕에 나는 코칭이나 강의를 할 때 신뢰감과 친근감을 형성할 수 있었다.

리더의 위치에 있으면서 당신은 자신을 자유롭게 만들 필요가 있는 사람들을 여러 명 만나게 될 것이다. 그런 이들은 자아의 이미지를 국

한시키고 업무에서 즐거움을 느끼지 못하며 삶을 주도적으로 설계하지 못하는 죄수나 다를 바 없다. 만약 그들의 성공을 돕는 것이 당신의 업무라면, 그 사람들 각자가 생각하는 성공의 의미는 무엇인지 파악하는 것이 매우 중요하다. 당신은 그들이 현재의 위치에서 성공하도록 돕는 것, 아니면 기대하지 않는 변화가 야기된다 해도 그들이 최고의 성공을 경험하도록 돕는 것 중 어느 쪽이 당신의 책임인지 자신에게 물어야 한다. 누군가 인생을 송두리째 바꿀 만한 중대 결정을 해야 하는 상황에서 당신을 만날 때, 그가 진정으로 원하는 것을 스스로 발견하게 하려면 당신은 자신의 관점, 의견, 욕망을 어떻게 감춰야 할까?

만약 그 사람이 직장에서의 자신은 어떤 모습인지, 무엇이 자신의 잠재력을 제한하는지, 자기 인생에서 만족스러운 것이 무엇인지 기꺼이 당신과 이야기하고자 한다면 당신은 리더로서 최고의 역할을 수행하며 우뚝 서게 될 것이다. 그저 '업무적 리더'가 아니라 '변화의 리더'로 말이다.* 직원들의 머묾 여부와 상관없이 변화의 리더가 되면 생산력과 성과가 높아진다. 성공을 향한 동기는 조직의 목표 같은 외부요소가 아니라 개인의 성장이라는 내부요소에 기초하고 있기 때문이다.

---

* 제임스 맥그리거 번스James MacGregor Burns는 두 가지 스타일의 리더십을 정의한 바 있다. '업무적 리더'는 목표, 성과와 충성도에 따른 상벌에 초점을 맞추고, '변혁적 리더'는 구성원들과 함께 좀 더 높은 수준의 내재적 요구에 주목하며 성과 달성을 위한 새로운 방법을 발견하기 위해 의식 수준을 높인다. 또한 변혁적 리더는 구성원들의 신념, 요구, 가치를 경청하고, 지시보다 대화를 선호한다. 그의 고전적인 책(『리더십Leadership』, HarperCollins, 1978)을 참조하라.

자신의 존재 확장시키기

성과를 손상시키는 맹점의 인식을 가로막는 벽, 그것을 어떻게 깨뜨리느냐에 집중했던 것이 앞 장의 내용이었다면, 이 장에서는 사람들이 '직장에서의 나'라는 프레임을 깨뜨리게 도움으로써 그들이 앞으로 함께할 새로운 자아를 형성하는 방법을 다루고자 한다.

현재 성공해 있든 아니든 어떤 사람이 하나의 역할과 라이프 스타일, 정체성에만 매달리는 것은 자신의 존재를 제한하는 것이다. 이런 이와의 대화에서 당신이 해결해야 할 과제는 충분한 안정감의 형성이다. 그래야 상대가 불안감과 두려움을 느끼면서도 진정으로 자신의 인생에서 원하는 바를 찾을 수 있기 때문이다.

이런 식의 대화는 당신과 상대 모두에게 불편할 수밖에 없다. 대화를 나누는 동안 당신은 '리더라면 응당 이래야 한다'는 틀을 깨뜨려야 할 수도 있다. 대화 전에는 어떤 선택지가 존재하는지 전혀 몰랐던 상대가 드디어 자신에게 옳은 것을 자유롭게 선택할 수 있음을 깨닫는다면, 그리고 그 모습을 당신이 목격한다면, 리더십에 대한 당신의 생각은 완전히 바뀔 것이다.

다음에 나올 사례들 중 첫 번째에 등장하는 여성은 직장동료 누구에게도 본인의 마케팅 전략을 이해시키지 못하고 있었다. 두 번째 사례에는 본인 스스로 승진 적임자라고 여기지만 직속상사의 인정을 못 받고 있는 상황에 처한 남성, 그리고 이와 대조적으로 자신이 꿈꾸던 직무를 제안받았는데도 두려워하는 여성의 이야기가 나온다. 마지막으로 세 번째 사례에서는 본인의 노력이 쓸데없었다는 맹신에 휩싸인 사람의 이야기를 다룬다.

당신이 각각의 상황에 처한다면 각 대화에서 무엇이 잘 진행됐는지, 또 무엇이 효과적이지 못했는지 파악해보라. 당신이라면 다른 결과를 이끌어내기 위해 어떻게 말하고 어떻게 질문했을까? 당신의 상황(과거, 현재, 미래)이 각 사례와 어떤 관련이 있는지 생각해보고, 만약 동료들과 각 사례를 토론할 기회가 있다면 다음번의 D-존 대화에 어떤 통찰을 적용할 수 있는지도 살펴보자.

사례 1: 둥근 구멍의 사각 못

↘ 배경

던은 자신과 남편이 운영하는, 총 직원 40명 규모의 유통회사를 감독하는 역할을 맡고 있다. 그녀는 매니저 네 명의 적극적 참여가 꼭 필요한 새로운 고객 서비스 전략을 계획 중이었다. 그러나 매니저 넷 모두가 그녀의 지시를 따르지 못하겠다는 핑계를 댔고, 그녀는 이 상황에 큰 불만을 가지고 있었다.

대규모 과학연구소에 다니던 던은 실적 악화에 따른 구조조정으로 실직한 뒤 남편이 경영하는 회사에 몇 년 전 합류했다. 그녀는 연구소에서 15년간 관리자 역할을 수행했고 그 업무에 매우 만족했었기 때문에 자신의 풍부한 경험이 남편 회사의 발전에 도움이 될 거라 믿었다.

그후 3년이 흐른 지금, 그녀는 남편이 자신의 아이디어를 충분히 지지하지 않는다고 느끼고 있다. 남편은 그녀가 제안한 계획에 동의했지만 매니저들의 저항에는 나 몰라라 하고 있다. 사실 그녀는 매번 비슷한 상황을 겪었고 중대한 결정을 내리지 못해 힘들어했는데, 그런 불만은 부부 관계에도 영향을 미쳤으며 둘은 회사 안팎에서 자주 다퉜다.

이 회사는 구성원을 가족처럼 대하는 기업문화를 가지고 있다. 지역사회에서의 평판도 좋은 편이고, 많은 직원들이 고등학교 졸업 후부터 죽 이 회사에서 일해오고 있었다. 남편은 지금껏 회사를 운영하면서 비즈니스 프로세스에 거의 변화를 주지 않았다. 경기가 호황과 불황을 오가는 상황에서도 사업은 안정적으로 운영되었지만 성장은 거의 하지 못했다. 던은 지금이 회사를 성장시킬 적기라는 데 남편이 동의한다고 생각했다. 회사 성장, 이것이 그녀의 미션이 된 것이다.

던은 나와의 대화를 통해 자신이 어떻게 해야 매니저들이 책임감 있게 자기의 전략을 수행하게 만들 수 있는지 조언을 얻고 싶어 했다. 네 명의 매니저들은 그녀가 세운 전략의 타당성에는 토를 달지 않았지만 실행하려 하지는 않았다. 그녀는 변화에 저항하는 매니저들에게 문제가 있는 것인지, 아니면 자신의 권위가 부족하기 때문인지 알 수가 없었다.

❧ 주제와 패턴

이런 상황은 리더나 주요 직책자들이 자신의 성공 방식을 새로 입사한 회사에도 적용하여 변화를 일으키고자 할 때 흔히 벌어진다. 새로운 회사는 자신이 예전에 성공했던 방법을 적용시키는 데 있어 '비옥한 토지'라 할 수 있다. 하지만 이들은 자신이 아직 새 회사의 문화에 적응하지 못했다는 것, 새로운 회사의 문제가 예전 회사의 그것과 같지는 않다는 것, 직원들은 이제 막 입사한 자신을 따를 준비가 안 되어 있다는 점을 간과한다.

이럴 때 D-존 대화의 초점은 상대가 새 역할에 대한 자신과 타인의 생각을 비교하는 데 맞출 수 있다. 이 상황의 돌파구는, 자신의 권위가 떨어지고 친밀하지 못하면 자기가 원하는 '올바른 일'을 어느 누구에게도 하게끔 할 수 없다는 진짜 이유를 상대가 인식해야만 만들어진다. 다시 말해 자신이 회사에 돌아다니는 오만한 '이방인'이 아니라 어떻게 해야 진정한 일원이 될 수 있을지 고민해야 하고, 그렇게 해야 진정한 팔로워십을 갖춘 직원들로부터 존중받을 수 있다.

던의 회사 직원들은 새로 부여된 역할이 부자연스럽거나 불만족스러울 때면 자연스러운 것처럼 보이는 역할로 돌아가려는 관성이 강했다. 게다가 성공을 위한 최선의 방안을 찾기보다 맨땅에 헤딩하는 무모한 방식을 선호했다. 그에 반해 던은 예전 회사에서 체계적으로 일하는 것을 좋아했다. 과학과 관련된 업무를 좋아했고, 새로운 것을 언제든 시도할 수 있도록 예산을 편성할 수 있다는 점도 마음에 들어 했다. 하지만 그녀는 이제 완전히 다른 곳에서 일하고 있다.

던의 최초 목표는 리더십 코칭을 통해 매니저들을 다루는 새로운 방법을 찾겠다는 것이었다. 그러나 D-존 대화에서의 되비추기, 탐색, 인정을 통해 그녀의 목표는 어떤 회사를 가더라도 자신이 조직에 기여할 수 있는 방법을 규명하는 것으로 진화했다. 그리고 던은 새롭고 좀 더 만족스러운 직업을 찾기로 결심했다.

🍃 대화할 때 리더가 주의할 점

고집이 언제나 미덕은 아니다. 물론 무언가에 통달하려면 고집이 필요하기도 하지만, 인생의 무언가를 결정함에 있어 항상 그런 것은 아니다. 직원들은 자신들의 문제를 가지고 당신에게 도움을 청해올 것이다. 그들에게 이슈를 해결할 새로운 스킬이나 전략이 필요하다고 가정하기 전에 그들의 전진을 막는 장애물과 핑곗거리를 찾아야 함을 명심하라.

이 사례에서의 궁극적인 질문은 '던이 자신의 업무에서 진짜로 원하는 것은 무엇인가?'다. 어떤 외부적 상황이 그녀에게 확신을 가져다주었는가? 그녀는 언제 업무에서 가장 큰 의미와 만족을 느끼는가? 자신의 발전에 무엇이 필수적인지 상대가 파악하게끔 해야 자신이 적절한 위치에 있는지의 여부를 스스로 깨닫게 만들 수 있다.

일반적으로 직원들은 조직의 상위로 올라가려고 한다. 원한다기보다는 당연히 밟아야 하는 단계라 믿기 때문이다. 자신의 스타일과 아이디어가 쉽게 수용되는 상황이라면 이들은 별 생각 없이 새로운 도전을 받아들인다. '좋은 생각이야'라는 주변 사람들의 말 한마디에 직업이나 경력을 선택하기도 하는데, 자기의 행복을 바라는 부모님이나 상사, 선생님, 직장동료, 배우자 등의 말이라면 더욱 그렇다. 심지어 사람들은 낯선 이의 조언에 귀를 기울이기도 한다. 마음속에서 외치는 소리를 잠시 꺼둔 채 말이다.

너무 성급하게 해결책을 찾으려 하지 마라. 누군가 도움을 요청하면 곧바로 대안에 관한 이야기를 나누기가 쉽다. 하지만 이런 대화로는 일시적인 미봉책만 얻을 뿐 상대를 앞으로 나아가지 못하게 막는 진짜 장애물을 규명할 수 없다 명심하라. 당신은 상대가 상황을 바라보며 형성한 가정(혹은 편견), 실망과 불만, 미래에 대한 두려움과 걱정을 파악함은 물론 표면 아래에 숨어 있는, 상대가 진정으로 원하는 것을 알아내야 한다. 당신의 되비추기와 질문을 통해 상대는 자신의 미래를 위해 무엇이 가장 좋은지, 또 지금 달성할 수 있는 것이 무엇인지 결정할 수 있을 것이다.

상대의 이야기가 지루하거나 짜증나게 느껴지는 그 지점이 바로 그가 극복해야 할 요소를 알려주는 포인트다. 반복되는 이야기와 변명은 자기가 극복해야 하는데도 책임을 회피하거나 용기 있는 행동을 거부한다는 신호다. 이럴 땐 지루하고 짜증이 난다는 당신의 감정을 표현함으로써 반복적인 흐름에 제동을 걸어라. 그리고 상대에게 어떤 상황에서라도 기꺼이 취할 행동은 무엇인지 질문하라. 아마도 상대는 몇 가지 선택 가능한 것들을 나열하겠지만, 반드시 그중 하나를 선택하게 하라.

⤷ 돌파의 순간

현재의 위치에서는 자신이 원하는 것을 이룰 수 없음을 깨달았을 때 던은 자신의 돌파구를 발견했다. 여러 이유에서 그녀가 남편과 같이 일하기로 한 것은 좋은 선택이었다. 하지만 3년 후, 회사에서 그녀는 아무런 권한이 없었고 자신의 유일한 리더인 남편은 그 상태가 변하기를 원치 않았다. 회사에서 불만족스러워하는 점을 허심탄회하게 이야기하게 됐을 때 던에게는 큰 깨달음이 찾아왔고, 이를 통해 그녀는 자신이 진정으로 원하는 회사란 무엇인지 알 수 있었다.

던은 여러 직원들에게 영향을 끼칠 전략적 계획을 팀원들과 함께 수립하는 일을 즐겼고, 업무능률 및 성과 향상법을 설계하고 실행하는 것도 매우 좋아했다. 생명을 구하는 데 도움이 되는 제품을 회사에서 출시했을 때는 자신의 업무가 굉장히 중요하다고 생각했다. 그리고 착각에 빠졌다. 작고 전통적인 회사에도 자신의 전문성을 적용할 수 있으리라는 착각 말이다.

돌파의 순간은 리더십 코칭을 위한 대화의 초점이 매니저들의 실행 거부 문제에서 던이 진정으로 화가 났던 부분으로 옮겨가는 순간 찾아왔다.

"던, 당신 생각에 당신의 아이디어를 아무도 실행하지 않으려는 이유는 무엇인 것 같습니까? 직원들이 당신의 아이디어를 싫어하기 때문인가요, 아니면 남편이 그 아이디어를 구현시킬 권한을 당신에게 주지 않기 때문인가요?"

"아마 둘 다일 거예요. 하지만 남편이 절 지지한다면 직원들이 좀 더 쉽게 책임감을 가질 거라고 봐요."

"화가 나는 가장 큰 이유는 남편이 당신의 기대를 충족시켜주지 못하기 때문인가요?"

"아마도요. 음…… 그는 원래 그런 사람이에요."

"그러면 누가 당신을 실망시키나요?"

잠시 생각하던 그녀는 잘 모르겠다는 듯이 어깨를 한 번 으쓱했다.

"다르게 생각해볼까요? 만약 회사를 보드게임이라고 가정한다면, 직원들과의 관계에서 당신은 어디에 위치하나요?"

그녀는 속으로 그림을 그리는 듯한 표정을 지었다.

"저는 아마 그 보드판에 없을걸요? 게임에 끼지도 못하죠."

"그렇다고 해서 당신의 의도와 전략이 나쁘다는 뜻은 아닙니다."

"저도 알아요. 하지만 제가 헛수고를 하고 있는 건 사실이죠."

"그래서 당신을 화나게 만드는 것은 무엇이죠?"

"전 지금 50대인데 매일 아침 침대 밖으로 나오는 게 힘들어요."

이제 대화는 과거에 연구소를 다니며 열정적으로 일했던 경험에 비추어 현재의 조직을 위해 그녀가 기여하길 희망했던 것들에 관한 이야기로 옮겨갔다. 알다시피 그녀의 희망은 남편의 회사에서 이루어지지 않았다. 집안일보다도 의미 없는 회사 업무 때문에 옴짝달싹하지 못한다는 느낌이 들 뿐이었다. 또한 그녀는 자신을 해고한 예전 회사에 여전히 화가 난 상태였다. 남편의 회사에서 성취감 없는 업무에 억지로 만족스러워해야 한다는 것, 아무도 그녀의 역할을 고마워하지 않는다는 것에 대해서도 마찬가지였다.

"그래서 던, 누가 당신을 괴롭히던가요?"

이것이 바로 진짜 돌파의 순간이었다. 긴 침묵이 흐른 뒤, 던은 자신이 가진 믿음을 차분하게 설명했다. 그녀는 자신의 빛나던 경력은 끝나버렸고 자기에게 남은 것은 그저 남편과 함께 은퇴하는 것이라고 믿고 있었다. 이러한 진실을 털어놓자 그녀는 비로소 자신이 얼마나 행복하지 않은지 직시할 수 있었다.

던은 마음이 열림과 동시에 자신을 위한 또다른 가능성들을 깨달을 수 있었다. 그녀는 회사 운영에 영향을 미치지 못하는 자신의 업무에서 스스로를 자유롭게 해줄 명확한 계획을 설계했다. 계획의 첫 번째 단계는 자신의 책임감을 덜어내도록 남편과 함께 일할 총괄매니저를 고용하는 것이었다.

던은 자신의 풍부한 경험과 완벽을 향한 열정을 필요로 하는 큰 회사의 일자리를 찾는 한편, 여가시간에 자신이 원하는 것을 배우고 봉사 활동에 전념했다. 무거웠던 짐이 내려졌고, 그녀는 자신의 길을 자유로이 찾게 되었다.

↘ 이 사례에서 배울 점들

당신 생각에 이 대화는 옳은 방향으로 진행됐는가? 던은 현재 상황에서 더 나아질 수 있는 방법을 찾았다고 생각하는가? 당신이라면 어떤 방법을 사용했을 것 같은가? 아래 질문들에 대해 스스로 생각하거나 동료들과 함께 이야기해보자.

1. 상대가 불편함을 느낄 때, 무엇이 그의 분노나 상처, 배신감을 야기한 것 같은가? 충족되지 못한 그의 기대는 무엇인가? 자기의 감정을 파악하기 시작해야 자신이 정말로 화가 난 이유를 발견할 수 있다.

2. 만약 상대의 모든 불만을 잠재울 마법 같은 해결책이 있다면 그
   것을 통해 뭘 얻을 수 있을까? 다른 방법은 없을까? 마음을 추스
   르고 계속 전진해야 할 시기는 아닐까? 상대는 자신이 잘못된 결
   정을 내려도 괜찮다고 여겨야 한다. 고집은 다른 것을 보지 못하
   게 만들 수 있다.

3. 꿈을 꾸는 데 허락이 필요한가? 희망이 없다면 꿈은 사라진다.
   자신의 미래를 상상하도록 상대를 응원하고자 할 때는 새로운 가
   능성에 대한 그의 흥분을 불러일으켜야 한다. 이런 자극은 삶의
   힘이 된다. 삶의 빛이 희미해진 사람들에게 어떤 질문들로 생기를
   불어넣을 수 있을까?

사례 2: 무엇이 진정 위태로운가?

↘ 배경

에릭은 스스로 자신이 회사에서 뜨는 별이라고 생각했지만 최근 따
놓은 당상이라 여겼던 승진에 실패했다. 그는 소비자들의 문제를 해결
하는 데 특출했고 주요 주주들과의 관계도 잘 형성했으며 판매를 위한
기발한 아이디어를 내기도 했다.

그는 상사가 자신의 승진 기회를 박탈했다고 의심했다. 최근 있었던
업무평가에서 상사는 모든 부분에서 에릭을 최상으로 평가했지만 오직
하나, 동료들과의 관계에 대해서만큼은 최하점을 주었다. 에릭은 상사의

평가가 잘못됐다고 생각했다. 그는 동료들을 위해 주주들과 좋은 관계를 구축하는 데 최선을 다했고 자신의 프레젠테이션 자료도 동료들과 기꺼이 공유했으며, 문제를 해결할 때마다 항상 팀을 염두에 두었다. 그는 결코 동료들이 자신에게 적대적이라고 생각하지 않았고, 함께 외부 미팅에 나가서도 항상 즐거운 시간을 보냈다. 이런 이유로 에릭은 상사가 자신의 업무역량을 시샘한다고 생각했다. 자신에게 낮은 점수를 줘서 상사 본인이 자기보다 뛰어나 보이고 싶어 한다고 말이다.

에릭은 다른 팀의 동료를 찾아가 자신이 어떤 행동을 취해야 하는지 이야기를 나눴다. 에릭의 동의하에 그 동료는 에릭의 상사를 만나 어떤 생각을 가지고 있는지 알아보기로 했다. 상사는 에릭이 팀 동료들을 돋보이게끔 노력하는 모습을 보여야 승진할 수 있을 것이라 말했다. 에릭이 좋은 리더십을 발휘한다고는 생각하지 않았던 것이다. 몇몇 동료들은 에릭에게 고마움을 표했지만 그들은 에릭의 자화자찬과 우쭐대는 모습을 마음에 들어 하지 않았다. 상사는 에릭에게 이런 문제를 이야기했지만 에릭은 들으려 하지 않았고 상사의 의견을 존중하지도 않았다.

🔦 주제와 패턴

에릭이 자신의 행동을 변화시키는 것만큼이나 시급했던 것은 상사와의 관계를 개선하는 것이었다. 조직에서 일하는 사람들은 시스템을 기반으로 업무를 수행하기 때문에 외로운 한 마리 늑대처럼 행동하면 지지자들과 적들을 동시에 만들고 만다. 넬슨 만델라Nelson Mandela는 "만일 적과 평화롭게 지내고 싶다면 그와 함께해야 한다. 그러면 적은 당신의 파트너가 될 것이다."라고 말한 바 있다. 이런 상황에서 누가 옳고 그른가를 따지는 것은 중요하지 않다. 에릭은 자신의 승진을 좌지우지하는 사람과 더 나은 관계를 형성하기 위해 본인이 어떻게 해야 하는지를 파악해야 했다.

손상된 관계는 반드시 개선해야 함에도 대개의 사람들은 이를 무시하곤 한다. 수치심이 대단히 크기 때문이다. 에릭 역시 상사의 충고를 받아들인다는 것은 곧 그에게 머리를 숙이는 것과 같다고 간주했다. 그는 자신의 존재가 위태롭다고 느꼈고 자기를 어떻게 판단해야 하는지 걱정했다. 실체 없는 두려움 때문에 에릭은 안절부절못했다.

이제 안나의 사례를 이야기해보자. 안나는 급여가 높은 새 직무를 제안받았지만 자기는 아직 그 자리로 갈 준비가 되지 않았다고 토로했다. 그녀는 성공적인 팀 리더였고 위태로운 팀을 되살리기도 했다. 게다가 새 직무로의 제안을 통해 그녀는 자신의 꿈에 한 발짝 더 다가갈 수도 있었다.

그녀로부터 직무 이동의 장점과 단점을 들은 나는 그녀에게 이렇게 물었다. "앞으로 1년 후에 당신이 현재 자리에서 성공을 거둔 경우와 새로운 자리에서 성공적으로 업무를 수행한 경우, 두 가지를 가정해보세요. 둘 중 어느 쪽이 더 후회스러울까요?"

안나는 현재 업무의 장점을 설명했다. 하지만 새로운 위치로 이동하면 새 집을 살 수 있을 만큼 급여가 충분할 거라고 말했다. 나는 동일한 질문을 다시 던졌다. "당신이 어떤 결정을 내릴 때 더 후회하게 될까요?"

그녀는 자기 팀을 떠날 수 없다고 말하면서도, 새로운 자리로 가면 더 많은 것을 배울 것이라고 덧붙였다. 난 다시 물었다. "그래서 어떤 결정을 내릴 때 더 후회할까요?"

이윽고 그녀가 대답했다. "저도 새 자리로 가고 싶어요. 단지 사람들이 팀을 버렸다고 수군댈까봐 두렵다고요."

이제 안나와 나 사이의 대화 주제는 안나가 정의하는 '원칙을 버린다는 것'으로 옮겨갔다. 그녀가 생각하는 정의를 현재의 시나리오에 적용한다면 말이다. 그녀는 새 자리로 옮기면 본인과 본인의 가족이 얻을 이득이 무엇인지 찾기 시작했고, 대화 말미에 이르러서는 새 자리로 이동하지 않는다면 더 후회할 거라고 말했다. 그녀는 1년 안에 자신의 선택을 다시 평가하기로 약속하면서 그 자리가 만족스럽지 않다면 언제든 재차 옮기기로 결정했다.

장기적으로 보면 자신에게 도움이 되는 결정이 무엇인지 알기 쉽다. 그럼에도 상대가 쉽게 결정하지 못하는 이유를 찾아라. 대개는 주로 타인들의 평가, 혹은 꺼려지는 것을 취하고 난 후 자기 자신에 대해 내릴 평가 때문일 가능성이 높다. 안나는 타인들로부터 부정적인 평가를 받을까봐 두려웠고, 에릭은 본인의 자존심을 앞세웠다. 두 사람의 이야기를 통해 우리는 사람들이 자신들의 요구를 더 많이 충족시키는 쪽을 더 쉽게 선택한다는 것을 알 수 있다.

❧ 대화를 할 때 리더가 주의할 점(에릭의 상황에 기초하여)
자아를 해체하려면 시간이 필요하다. 우리의 뇌는 자아와 현실에 대한 감각을 보호하는 기능을 훌륭하게 수행한다. 만일 누군가에게 적한테 잘 대해주라고, 혹은 타인들의 부정적 평가가 예상되는 무언가를 하라고 요구한다면 그 사람 뇌의 방어기제는 강화되기 시작할 것이다. 이럴 경우 당신이 할 수 있는 최선의 방법은 미래에 얻고자 하는 결과물에 상대가 계속 집중하게 하는 것이다. 상대는 무엇을 원하고 있는가? 그가 자신의 열망을 현실화하기 위해 기꺼이 참고 견디며 행할 행동은 무엇인가? 상대가 크게 불만을 터뜨리거나 횡설수설하더라도 그냥 내버려두자. 하지만 대화하는 동안에는 그가 갈망하는 결과물을 계속해서 떠올리게 해야 한다.

토론은 좋은 거름이다. 부정적인 피드백을 수용해야 한다는 점에서 누가 옳고 누가 그른가의 논쟁은 무의미하다. 1~2년 내에 달성하길 원하는 성과에 대화를 집중시키자. 그래야 그 결과를 위해 상대가 취할수 있는 최선의 행동이 무엇인지를 찾아낼 수 있다.

때로는 상대가 협상할 준비를 갖출 때까지 잠시 물러나 있어야 한다. 상대가 변화로 인한 책임을 회피한다면, 그에게 당신의 생각을 전달한 뒤 나중에 다시 이야기하자고 제안하라. 만약 에릭이 여전히 상사에게 분노하고 있다면 '이런 상황에서 화가 나는 것은 자연스러운 현상이고 아직은 화를 더 내도 된다'고 말해도 괜찮다. 그리고 그가 다음 단계를 위한 브레인스토밍 준비가 되면 대화를 재개한다. 압박해봤자 거부감만 쌓일 뿐이다. 당신이 신경쓰고 있다는 점을, 본인이 준비가 되면 언제든 같이 해결책을 찾을 수 있다는 점을 상대가 알게끔 하자.

↘ 돌파의 순간

나는 에릭에게 질문을 던지기 전에 자신이 처한 상황에 대해 큰 소리로 불만을 터뜨리라고 주문했다. "다음으로 뭘 해야 할지 파악할 준비가 되었나요? 아니면 화를 발산하기 위한 시간이 좀 더 필요한가요?"

"제가 이렇게 불공평한 상황에서 어떻게 반응할 거라고 기대하세요?"

"저는 아무것도 기대하지 않습니다. 전 그저 당신이 제게 당신의 승진계획을 도와주길 바란다고 생각했었죠."

"그렇긴 합니다만……"

"하지만 핵심은 당신의 상사가 부적절하게 행동했는지 그렇지 않았는지의 문제죠. 그러니 지금은 그녀가 부적절하게 행동한 나쁜 상사라고 가정합시다. 1년 후에 당신은 여전히 지금의 상황에 분개하고 싶습니까, 아니면 리더의 자리에 오르길 원합니까?"

"저는 지금 리더가 되었어야 해요."

"그렇겠죠. 하지만 1년 후에 당신은 '그때 다른 결정을 내릴걸.' 하며 후회하진 않을까요? 다른 회사로의 이직을 결정했다 해도 당신은 '이 회사에 남겠다고 할걸.'이라고 후회할 가능성은 없을까요?"

"내 상사는 절대 바뀌지 않을 거예요."

"그녀가 뭘 어떻게 하면 좋을 것 같습니까?"

"제 말을 경청하고, 저를 더 많이 신뢰하면 좋겠어요."

"당신의 말을 경청하고 더 많이 신뢰하는 모습이란 무엇인지 상사에게 알려줄 수 있나요? 당신이 그녀에게 '리더의 귀감이란 이런 것'이라고 보여주면 어떨까요?"

에릭은 얼어버린 것처럼 꼼짝도 하지 않았다. 그는 입술을 오므리고 의자 위를 몇 번 주먹으로 두드리고는 몸의 힘을 빼더니 숨을 내쉬었다. 이윽고 그가 웃으면서 말했다. "잘 모르겠네요."

나는 에릭에서 고객과 주주들과 관계를 형성할 때 썼던 방법을 사용해보라고 제안했다. 그를 바탕으로 에릭은 상사와의 관계를 좋게 유지하기 위한 전략을 구상했다. 그는 마치 자기가 상사에게 백기를 든 것처럼 느껴진다고 말하기도 했지만, 나는 좀 더 큰 그림으로 보면 이 상황이야말로 '사내 정치'를 배우는 생생한 수업이라고 조언했다.

↘ 이 사례에서 배울 점들

당신은 에릭이나 안나처럼 감정에 너무 충실한 나머지 앞을 보지 못하는 사람들을 만나본 적이 있는가? 그들의 시각을 돌리기 위해 당신은 어떤 일을 했는가? 에릭과 안나의 상담 상황에 처한다면 당신은 어떻게 하겠는가? 당신 스스로 혹은 동료들과 함께 다음 질문에 대해 토론해보자.

1. 상대는 어떤 행동을 선택할 때 더 후회할까? 당신은 그 사람으로 하여금 현재의 업무가 아닌, 더 많은 가능성을 열어주는 미래를 생각하게 할 수 있겠는가?
2. 상대의 방어기제는 무엇인가? 그는 자기 자신을 어떻게 평가하는가? 또는 자신의 선택에 대해 주변 사람들이 자신을 어떻게 평가

하리라 생각하는가? 이 부분을 간과하지 마라. 상대는 이런 두려움을 당신과 편하게 공유할 수 있어야 한다.

3. 불편하기만 한 선택을 해결책으로 만들려면 이 상황을 어떻게 재설정해야 할까? 갈망하는 결과를 계속 염두에 두면서 자기의 두려움을 떨쳐낸다면 상대는 불편한 선택지 속에서도 장점을 발견할 수 있을 것이다. 그가 힘든 길을 택하지 않겠다고 한다면, 최소한 감정적이 아닌 이성적 선택을 하도록 유도하라. 당신의 역할은 상대에게 무엇을 하라고 지시하는 것이 아니니 그와 함께 사고하는 파트너로서 행동하자.

사례 3: 시도했지만 실패하고, 그다음은 뭐?

↘ 배경

40대 여성인 리사는 다국적 기업에서 전문직으로 일하고 있다. 그녀가 이끄는 팀은 2년 연속으로 높은 이익을 기록했고 사업 전망도 아주 밝았다. 상사는 결단력 있고 직설적인 그녀의 스타일을 좋아하지만, 동료들은 그녀가 하는 일을 존중하긴 하면서도 그녀를 친구로 여기지는 않는다.

상사는 최근에 아시아 태평양 지역의 적임자로 그녀를 회사에 추천했다. 수락한다면 그녀는 타국인 홍콩이나 싱가포르로 이주해야 한다. 이런 현실에 대해 대화를 나눌 때마다 상사는 리사에게 그 자리에 가는 것이 얼마나 최고의 기회인지를 열렬히 설명했다. 만약 그녀가 그 직위를 맡아 성공을 거둔다면 앞으로 어느 회사로든 이직할 수 있다고 말이다.

최근 그녀는 비즈니스 미팅 자리에서 자신의 감정을 예전보다 많이 드러냈고, 동료들에게 화를 내는가 하면 오후 내내 울기도 했다. 상사는 그녀에게 감정 분출에 관한 상담을 받아보라고 조언했고, 이런 연유로 그녀는 자신의 감성지능을 평가해달라며 내게 연락을 해왔다.

리사는 자신의 동기가 바닥인 데다가 불안감에 휩싸여 있다고 토로하면서, 대체 그 이유가 무엇인지 알 수 없고 업무 스트레스 역시 상당해서 자신의 삶에서 행복을 찾을 수 없다고도 말했다. 회사를 그만둘까 생각했고 혹시 몰라 건강검진 예약까지 해놨지만, 그녀는 자신의 감정 반응이 생물학적 변화와는 아무 관계가 없다고 생각했다.

30대 때 그녀는 사교생활을 포기하면서까지 자신의 경력에 집중하기로 결정했다. 결혼을 하긴 했으나 그녀와 남편 모두 부부 관계를 돈독히 하기보다는 각자의 일에 더 많은 시간을 쏟았고, 둘은 결국 이혼하고 말았다. 이혼 후 현재의 회사가 위치한 샌프란시스코로 오기 전까지 리사는 남자들과 적극적으로 데이트를 하고 친구도 사귀었다.

이제 40대 초반에 이른 리사는 자신의 결정에 의문을 갖기 시작했다. 샌프란시스코에서 친분 관계를 형성하기란 쉬운 일이 아니었다. 리사는 자신의 일이 자기에게 있어 어느 정도 중요한 것인지 고민 중이다. 내면에서는 더 높은 삶의 목적을 가져야 한다는 목소리가 계속되고 있다. 기회가 닿았다면 더 좋아했을 만한 것들도 있었을 듯하지만, 이런 자신의 고민을 그녀는 아무에게도 털어놓지 않았다.

상사가 자신을 아시아 태평양 책임자로 추천했다는 소식을 접했을 때 리사는 공황 상태에 빠졌다. 그녀는 자신이 거절하지 못할 것임을 알았다. 그리고 지구 반대편의 새로운 문화와 생활환경에 적응하기 전에, 자신이 인생에서 무엇을 원하는지부터 알아내야 한다고 생각했다. 가뜩이나 혼란스러웠던 그녀는 빠른 결정을 재촉하는 상사 탓에 큰 스트레스까지 받고 있었다.

주제와 패턴

'삶이 먼저냐, 일이 먼저냐?' 이 고민의 답은 시간이 흐름과 함께 항상 바뀐다. 살면서 어느 특정 시기에는 가치 있다고 생각한 것이 커가면서는 다르게 바뀌곤 한다. 리사 같은 많은 사람들은 40대나 50대에 이르면 자신의 경력에 도움이 되는 무엇인가가 진정 존재하는지, 자기가 달성할 만한 더 큰 가치는 무엇인지에 대해 의문을 갖는다. 즉, 직장에서 크게 성공한 사람들에게 있어 일의 의미와 목적은 직위나 돈보다 훨씬 중요해진다.*

자신의 인생을 주기적으로 평가하는 것은 흔한 일이지만, 숙고는 혼자 하기 어려운 일이다. 사회적 신분이 상승하는 고성취자와 리더들에게 있어 '고립된' 생활은 흔한 현상임에도 공개적으로 이 문제를 토론하

---

* Connie Gersick and Kathy Kram. "High-Achieving Women at Mid-Life: An Exploratory Study," *Journal of Management Inquiry* II, June 2002:104~127. It is becoming more common for men to experience similar phases as well.

거나 인정하는 일은 드물다.* 이런 사람들은 조직 계층의 사다리를 올라가면서, 또 일 때문에 친구와 가족으로부터 멀어지면서 사회적 지지와 감정적 지지가 점점 줄어드는 경향이 있고, 인생의 반려자가 있다 해도 일과 관련된 주제를 편견 없이 들어주는 '내 편'이라는 느낌을 갖지 못하는 경우가 많다. 결과적으로 이들은 어려운 결정을 내려야 할 때나 딜레마에 빠졌을 때 고민을 토로할 사람이 없다고 느끼게 되는데, 외로움은 일하고자 하는 동기를 크게 갉아먹는다. 리더가 우수직원들의 정서적 문제 해결을 돕지 않으면 그들은 안정적인 곳을 찾아 떠나버린다.

고성취자들은 스스로 알아서 개척해나가고 타인의 도움이나 조언을 구하지 않는 경향이 있기 때문에 리더는 그들의 상황을 돌보지 못할 가능성이 크다. 이들은 빨리 배우고 쉽게 적응하며, 어떤 결정에 대한 확신이 부족해도 타인에게 말하기를 꺼린다. 하지만 이들 역시 보통 사람들과 마찬가지로 힘든 상황에 처하면 감정적 지지를 원한다.

의지할 만한 사람이 아무도 없을 때, 고성취자들은 자신들에게 힘든 일이 과연 그럴 정도로 가치 있는 것인지 의심하기 시작한다. 외부적인 변화가 문제 해결에 도움이 된다는 점을 인정하면서 계획 없이 새로운 것을 찾아 나서기도 한다. 사회적 지지와 감정적 지지를 느끼지 못

---

* Psychologist Guy Winch, author of *Emotional First Aid* (Hudson Street Press, 2013), wrote a blog post on social/emotional isolation and leadership for SwitchandShift.com called *Lonely at the Top: Why Good Leaders Must Learn to Manage Loneliness*, August 29, 2013. Retrieved from http://switchandshift.com/lonely-at-the-top-why-good-leaders-must-learn-to-manageloneliness.

하던 리사는 자신이 이미 불안한 상황에 처했다고 느꼈으며 낯선 나라로 이주하는 것을 감당하기 힘들어했다.

덧붙여, 고성취자들은 어떤 일에서도 실패하기를 원하지 않는다.* 성공한 사람들 대부분은 능력을 과시하고 싶어 하기 때문에 성장 기회를 제공하는 새로운 도전을 좋아하지만, 실패의 위험이 존재하는 프로젝트나 변화는 회피하려 한다. 실패 경험이 거의 없기 때문에 잘할 수 있는 것들만 맡고자 하는 것이다. 한 번도 해본 적 없는 일이라도 성공이 확실히 예상된다면 경력을 변경하면서까지 그것에 도전하고자 할 것이나, 실패할 것 같다는 생각이 들면 도전은커녕 어떻게든 빠져나가려 한다. 다시 말해, 자신을 멍청하게 만드는 일은 하지 않을 것이라는 뜻이다.

리사는 사회적 지지 및 감정적 지지의 결핍 때문에 새 직위에 대한 두려움이 고조된 상태였다. 게다가 상사는 리사가 약점을 편히 드러낼 수 있는 기회를 주지 않음으로써 문제를 악화시키고 있다. 그는 그녀가 누군가와 고민을 상담하도록 안정된 공간을 제공해주지 않았다. 사실 상사의 경솔한 대답은 리사에게 무슨 문제가 있는 것처럼 느끼게 했기 때문에 그녀는 상사가 자신을 절벽으로 밀어내는 듯한 느낌을 받았다. 그녀의 감정 분출은 그러한 분노와 두려움에서 비롯된 것이었다.

상사는 리사가 충분히 생각하도록 돕지 못하고 있다. 만약 그녀가 상사의 도움을 감지했다면 아마 그냥 회사에 남기로 마음먹었을 것이

---

* 고성취 여성들이 가진 일반적인 맹점과 행동 패턴은 다음의 책을 참조하라(남성들도 비슷한 패턴을 따른다). *Wander Woman: How High-Achieving Women Find Contentment and Direction*, Berrett-Koehler, 2010, pages 71~82. There are many men who also exhibit these patterns.

다. 회사는 우수직원 중 하나를 잃을 위험에 처해 있다.

➘ 대화를 할 때 리더가 주의할 점

결과가 어떻든 간에 상대가 올바른 결정을 하도록 충분한 여유를 느끼게 하라. 어려운 결정에 관한 D-존 대화에서는 상대로 하여금 그가 자신의 주관에 따른 결정을 내렸다고 느끼게 하는 것이 중요하다. 당신이 상대에게 무언가를 선택하도록 조금이라도 압박을 가한다면, 그는 당신의 기분을 맞춰주는 방향으로 결정을 내리거나 자신의 의지와 상관없이 당신의 관점을 받아들이면서 실망한 표정으로 대화를 끝낼 것이다. 상대가 자신의 마음을 허심탄회하게 털어놓고 당신과 함께 상황을 살펴보도록 충분히 안정감을 느끼게 하려면 당신은 상대로 하여금 '이 사람은 내 생각을 판단하지 않을 것'이라는 느낌을 갖게 해야 한다. 예를 들어, 리사가 집에 가서 엄마와 함께 살겠다는 결정을 내리면 그것은 그녀의 선택이다. 결정은 그녀가 하는 것이다. 당신이 D-존 대화를 나눈다면, 상대의 결정이 당신이 원하는 것이든 그렇지 않든 간에 그 사람을 위한 최고의 결정이 나오도록 그를 지지해야 한다.

리스크와 두려움을 표현하게 하면 상대는 상황을 객관적으로 숙고할 수 있다. 누구나 살다 보면 무엇이든 털어놓고 싶어질 때가 있다. 모 회사의 임원들이 나를 찾아와 이야기를 들어주는 역할을 해달라며 수수료를 지불한 적이 있다. 자신들의 생각과 결정을 저울질할 곳이 딱히 없었기 때문이었다. 만약 리사에게 강한 사회적 지지와 감정적 지지가 있었다면 아마도 그녀는 그렇게까지 걱정과 혼란에 빠지지 않았을 것이다. 선택 상황에서 갈등하는 그녀의 말을 주의 깊게 들어주고 선택의 방향을 잡도록 도와준다면 그것이 그녀에게 최고의 선물을 주는 것이라 말할 수 있다.

어떠한 감정이든 표출될 수 있도록 안전지대를 유지하라. 상대가 두려움, 분노, 슬픔의 감정을 표출하면서 당신을 해하려 하지 않는다면 그의 감정 표현들을 그대로 두자. 상대에게 "모두 잘될 겁니다." 혹은 "당신은 똑똑하니까 잘 해결할 수 있을 겁니다."라고 말하는 것은 대화를 단절시킨다. 격한 감정에 휩싸인 사람에게 잠시 어디론가 가서 마음을 가라앉히라는 말 역시 그를 당황시킬 뿐이니 절대 하지 마라. 그 대신 호흡을 하며 상대에게 동정심을 느끼고 그의 격한 감정이 가라앉을 때까지 기다려라. 감정이 차분해지면 당신과 상대 모두 나약해졌다는 느낌 없이 대화를 계속할 수 있다.

⬦ 돌파의 순간

자신에게 힘이 되는 대화를 나와 함께하고 있음을 깨닫자 리사는 경력상의 이동이 겉으로는 좋아 보이지만 결국에는 자신의 기분을 상하게 만들었다는 두려움에 대해 비로소 말할 수 있었다(나는 그녀가 회사를 그만두겠다는 결정을 내리더라도 그녀를 판단하지 않으려 했다). 이것으로 나는 그녀가 일과 삶에서 더 큰 만족을 느끼는 데 필요한 것이 무엇인지 살펴볼 수 있었다.

리사와 나는 그녀의 우선사항을 잘 관리하고 에너지를 높이는 방법을 찾기 위해 간단한 말로 대화를 시작했고, 직장을 해외로 옮기는 데 따른 두려움에 대한 이야기도 나눴다. 그녀는 마지막 결정을 내리기 전에 싱가포르 혹은 홍콩으로 사전답사를 다녀오겠다는 요청을 상사에게 할 수 있다는 걸 알게 됐다. 해외 근무 고려자들이 사전답사를 요청하는 것은 빈번한 일이었다. 그러므로 만약 회사가 그녀의 요청을 받아들이지 않는다면 이는 곧 그녀가 해외 근무를 시작한 후에도 회사로부터 충분한 지원을 받지 못할 것임을 명백하게 암시하는 셈이다. 이런 정보를 알게 된 그녀는 자신의 결정에 따른 '허용 리스크 수준'을 더 정확하게 측정할 수 있다고 생각했다.

이어 리사와 나는 '일의 목적'을 뚜렷하게 알고 싶다는 그녀의 욕구에 대해 토론했다. 나는 다음 미팅 시간까지 자신의 사명과 목적을 곰곰이 생각할 수 있도록 그녀에게 몇 가지 질문을 던져주었다. 그녀는 그 질문들에 답하려면 제법 시간이 많이 걸릴 것 같다고 가볍게 투덜댔지만, 복잡한 질문들을 잘 정리해서 제시해주는 내게 고마움을 느낀다고 말했다.

나는 최종적으로 리사에게 물었다. "그렇다면, 당신을 화나게 만들고 감정도 상하게 한 지난번 미팅에서는 모두들 어떻게 하던가요?"

그녀는 입술을 꼭 다물고 한동안 나를 쳐다보더니 이렇게 답했다. "아무도 내 편을 들어주지 않았어요. 상사와 동료들 모두가요."

"그 사람들은 당신을 고의로 방해했던 건가요?"

"아니요. 제 생각에 의도적이지는 않았어요."

"당신이 그 사람들에게 무엇을 원하는지 그들은 알고 있었나요?"

"알 것이라고 저는 생각했어요. 하지만 그들은 몰랐죠. 미팅하기 전에 그들을 만났어야 했나봐요."

"그렇다면 당신이 화낼 이유는 없었다는 건가요?"

"아마도요. 이제 보니 그들의 잘못이 아니군요. 그들과 다음 미팅을 하게 되면 뭐라도 말을 해야겠어요."

"말해봐요, 리사. 미팅에 들어가기 전에 당신은 화가 난 상태였나요?"

"그날 어떤 감정이었는지 기억해내라는 건가요?"

"그냥 미팅 전에 어땠는지 말씀해보세요. 화를 냈는지, 전전긍긍했는지, 아니면 뭔가 희망적인 생각을 했는지."

그녀는 자신의 손을 바라봤다. "지금도 저는 거의 화가 난 상태예요."

"누구에게 화가 나나요?"

그녀는 눈을 감고 고개를 갸웃하더니 이렇게 말했다. "내 인생은 엉망이에요. 곧 실패자로 낙인찍히겠죠. 제가 이런 엉망진창을 만들었다는 걸 도무지 믿을 수 없어요." 그녀는 날 보며 말을 이었다. "저죠. 저는 저 자신에게 화가 나요. 아무도 날 신경써주지 않는 것, 그리고 그것이 제 잘못이라는 것에 화가 나요."

"그래서 뭐라도 할 준비가 되었나요?"

그녀는 한숨을 쉬며 말했다. "때가 왔군요. 전 이미 준비되어 있어요."

마침내 리사는 한 사람의 중년 여자로서 실패에 대한 '두려움'과 경력 이동 후에 '실패할 가능성'이라는 깊은 수렁에 빠져 있음을 깨달았다. 그녀는 자신과 이야기를 나눌 사람이 없다는 것과 세상이 그녀의 머리 위에서 닫히는 듯한 느낌을 강하게 받았다. 자책을 그만두자마자 그녀는 친구들과의 우정을 돈독히 해야겠다는 것, 그리고 인생에서 진정으로 원하는 것을 생각하기 위해 시간을 보내겠다는 결정을 내렸다.

✎ 이 사례에서 배울 점들

상대에게 전체 이야기를 말하도록 하여 그들의 감정을 읽어내라. 그런 뒤 다음의 질문들을 던져 답을 구하라.

1. 상대가 분노하게 된 원인은 무엇인가? 충족되지 않는 기대치 때문인가, 약속이 지켜지지 않았기 때문인가, 자신의 말을 들어주지 않고 배려받지 못한다고 느끼기 때문인가? 상대는 무엇을 갈망하는가? 그가 자신의 인생에서 사라졌다고 느끼는 것은 무엇인가? 앞으로 나아가려면 상대에게는 지금 무엇이 필요한가? 당신이 판단하지 말고 상대의 답을 그대로 받아들여라. 상대가 감정의 원인을 자각해야 해결책이 쉽게 나올 수 있다.

2. 상대는 자신이 선택한 그 경로에 왜 서 있는지 그 이유를 알고 있는가? 여러 회사들이 사명 선언문Mission Statement을 가지고 있는 것처럼 개인들에게도 사명 선언문이 필요하다. 자신의 미션이 본인에게 왜 중요한지 말할 수 있어야 한다. '왜?'라는 질문은 인생에서 큰 결정을 내리기 위한 일종의 '닻'이다. 상대에게 기쁨을 주는 것들이 있다면 왜인가? 또 가장 자랑스러워하는 것이 있다면 그

이유는 무엇인가? 상대는 더 높은 목적을 명확히 볼 수 있어야 한다. 그래야 리스크를 감당하기도 쉬워지기 때문이다.

3. 상대가 무엇이든 거듭 성취하는 능력을 발휘한 사람이라면, 그다음에 성취할 것에 대해 그는 어떤 부담을 느끼고 있는가? 성과 달성에 집중하는 동안 상대는 자신의 어떤 부분을 희생하고 있었는가? 그는 자신이 희생하는 부분에 대해 조직에서 목소리를 낼 수 있는가? 판단하지 않고 자기 내면의 목소리에 귀기울여야 상대는 자신이 추구하는 무언가를 찾기 쉬워진다.

직원들에게 이런 질문들을 던지면 그들이 회사를 떠날 거라고 두려워하지 마라. 직원들은 당신이 자신들에게 관심을 기울이는 것에 감사해할 것이다. 모든 사람들은 관심을 받고 싶어 한다. D-존 대화는 개인의 삶을 변화시키는 동시에 조직을 강화시키는 강력한 '연결'을 구축한다.

DISCOMFORT ZONE

7.

실행계획을
수립하라

"오직 하나의 진실된 죄가 있다. 그것은 차선이 결코 차선이 아니라고 자신을 설득하는
것이다."
_도리스 레싱Doris Lessing, 『황금 노트북The Golden Notebook』

내가 운영하는 리더십 수업에서 실시하는 마지막 연습은 "당신이 배운
것을 실행하지 못하게 방해하는 것은 무엇일까?"라는 질문으로 시작된
다. 이 질문 다음에 흔히 나오는 변명들은 평소에 시간이 없다는 것, 성
과를 내라는 압박감이 심하다는 것, 예전 버릇이 되살아나리라는 것
등이고, 그다음으로는 코칭이 실패하면 자신이 바보 같아 보일 거라는
걱정 따위다. 코칭받는 사람들이 코칭의 결과를 미심쩍어할 거라는 것,
그들은 리더로부터 질문을 받는 것보다는 해결책을 얻기를 바란다는
것 등도 있다.

급기야 실행목표를 설정하고 용기 있게 추진한다 해도 경직된 조직
문화 때문에 어려움을 겪을 것이라고 말하기도 한다. 마인드를 발전시

키기 위해 시간을 쏟는 것이 중요한 리더십 스킬임을 인정받지 못한다고 말이다. 사실 D-존 대화 방식의 코칭은 일방적으로 단호하게 의사소통하는 업무 중심의 코칭, 즉 더 높은 성과와 성공을 목표로 한 '목에 건 호루라기whistle around the neck' 방식의 코칭에 밀려나곤 한다. 리더가 이런 코칭 방식에 저항하고 싶다 해도 회사측의 지원이 없기 때문에, 능숙해질 때까지 시간이 걸리는 스킬을 사용하기란 쉽지 않다.

개인적인 변명과 회사의 지원이 부족하다는 불만에 대한 나의 반응은 동일한 질문을 다시 던지는 것이다. "대화의 방식을 바꿈으로써 놀라운 결과를 현실화시키고 그에 필요한 것들을 기꺼이 실행할 의지가 있습니까?" 개인적으로, 또 조직 전체적으로 사고와 행동의 변화를 이루려면 시간이 꽤나 필요하다. 개인 간의 상호작용을 다루는 방법에 신경쓰는 일은 당신이 급히 처리해야 할 다른 일과 마찬가지로 우선시되어야 한다. D-존 대화를 도입하는 과정에서는 분명 차질이 생기고 실망스러운 일들이 여러 번 생길 것이고, 당신의 노력은 많은 사람들로부터 시험받게 된다. 때문에 당신은 지속적으로 좋은 결과를 얻을 때마다 자신에 대해 얼마나 자랑스럽고 만족스러운지 스스로를 상기시키는 일을 계속해야 한다.

'학습곡선Learning Curve'에는 지름길이 없기에 당신은 지속적으로 스킬을 연마해야 한다. 하지만 목표에 집중하도록 도와주는 팁은 이 책에서 배울 수 있다. 먼저 나는 당신이 개인적으로 연습할 때 사용할 수 있는 방법을 이야기하고, 그다음엔 당신의 조직에서 D-존 대화를 더 많이 받아들이도록 제안하는 방법을 알려줄 것이다.

개인의 변화

내 수업에 참여하는 리더들은 D-존 대화를 갖기 위해 의도적으로 계획하고 시간을 확보해야 한다는 말에 동의한다. 그들 대부분은 대화 시간 확보를 위해 자신들의 권한 일부를 아래로 이양해야 하고, 남의 비위나 맞추는 미팅을 거절해야 하며, 무엇보다 아무리 논리적인 변명이라 해도 약속 시간은 변경하지 말아야 한다고 말한다. 습관을 바꾸려면 이런저런 것들을 해야 한다고 결정하는 것은 쉬운 일이지만, 변화를 현실화시키기 위해 매일 전력을 기울이는 것은 어려운 일이다.

리더들은 '확실한 증거가 없을 때는 자신에 대한 판단을 피해야 한다'는 말에 동의한다. 습관적인 행동 패턴을 바꾸는 데는 몇 개월이 소요될 수도 있다. 대화에서 어떤 말을 해야 할지 몰라 하며 불편함을 느낄 때면 예전의 생각과 행동으로 회귀하는 편이 안전할 것이라 느껴지는 것이 사실이다. 하지만 그런 불편함을 이겨내고 끝까지 버티면 이 책에서 제시하는 스킬은 습관이 될 것이고 마침내 더욱 자연스럽게 경청하며 더욱 효과적으로 질문을 던지게 될 것이다.

처음으로 새로운 행동을 시도하면 어색할 뿐 아니라 마치 내가 아닌 것 같은 느낌을 받기 마련이다. 예전의 것과 새로운 것 사이의 차이는 불편한 느낌을 불러일으키고, 나는 누구이며 무엇을 해야 할지에 대해서도 확신이 서지 않는다. 당신은 아마 이런 기술을 배우는 것은 바보 같은 생각이라고 결론 내리고 예전의 행동으로 돌아가는 것을 합리화해버리고는 변화를 시도하려는 노력도 중단할지 모른다.

기억하라. D-존 대화에서 당신을 어색하게 만든 범인은 바로 당신의 뇌다. 예전의 방식과 다르게 대화하려면 당신의 뇌가 다시 배선되어야 하는데 이 과정에서 불편함이 느껴지는 것이다. 다시 말해, 불편하다는 것은 긍정적으로 성장한다는 증거다. 만약 당신이 불편함을 감수하고 다음에 어떤 일이 발생할지 알 수 없는 상황에 들어선다면 더 깊이 경청하고 더 중요한 질문을 발견할 수 있을 것이다. 느끼는 것에 저항하지 않고 그것을 수용할 때 개인적인 변화는 보다 수월해진다.

지지자를 찾아라

『아웃라이어Outliers』를 쓴 말콤 글래드웰에 따르면, 성공한 사람들이라 해도 그 혼자의 힘만으로는 아무것도 이루지 못한다. "록 스타, 프로 운동선수, 소프트웨어 갑부, 천재들조차 혼자서는 아무것도 하지 못한다."* 변화를 통해 정말 확고하고 원하는 결과를 얻겠노라 결심했다 해도, 이런 목표에 집중하도록 도와주는 적절한 지지자들이 없다면 당신은 예전 습관으로 회귀할 수도 있다. 당신 혼자서 어려움을 참고 견뎌낼 필요는 없다. 도움을 요청하는 것은 강함의 표시지 약함의 표시는 아니다. 당신이 직장에서 놀라운 결과를 만들기 위해 헌신하고 있다면

---

* Malcolm Gladwell, *Outliers: The Story of Success*. Little Brown, 2008, page 115.

타인의 지혜와 도움을 이용할 필요가 있다.

코치나 멘토가 당신을 도울 수는 있지만, 당신의 말을 사심 없이 들어주고 비판적 시각으로 당신이 올바른 길을 고수하도록 돕는 동료들이야말로 최고의 지지자가 될 수 있다. 지지자들을 규합하는 일은 시간적 여유가 있을 때 하겠다고 미뤄선 곤란하다. 인맥을 유지하고 확고히하는 것은 성장 과정에서 중요한 단계 중 하나다.

생각이 비슷한 리더들과 함께 나아가는 것은 혼자가 아니라는 느낌을 갖게 할 것이다. 서로 감정을 이입하고 성장에 전념하는 동료들끼리용기를 북돋우면, 누군가 해고당할 것 같거나 계획이 무산됐거나 프로젝트가 매우 힘들다 해도 집중을 유지할 수 있다. 만약 의식적으로 좋은 리더가 되기 위해 노력하고 조직 구성원들의 행복을 추구하는 동료를 찾아낼 수 있다면, 당신은 변화를 위해 긍정적인 '음모'를 함께 꾸밀수 있을 것이다.

변화의 음모를 꾸며라

—

회사 내의 리더들로부터 '지지자 공동체'를 규합하지 못한다면 외부인맥을 활용하여 공동체를 만들어도 된다. 지역 대학교의 임원 육성 과정 혹은 헬스클럽 같은 곳에서 당신의 일과 관련하여 생각이 비슷한 리더들을 찾아라. 내 의뢰인 중 하나는 거대 금융기관에서 일하는 인사담당 부사장이었는데, 그녀는 자신의 미용사에게 '다른 회사에 근무하는 임원들 중에서 리더십 스킬을 함께 발전시키길 원하는 사람이 있으면 소개해달라'고 부탁한 결과 여섯 명의 임원을 모을 수 있었다. 이들은 한 달에 한 번씩 만나 자신들의 목표, 장애물, 선택지, 향후 계획 등을 논의했고 이전 달에 경험했던 크고 작은 성취를 자축하며 매번 미팅을 마무리했다. 그녀는 자신의 성과를 기록으로 남기기로 했다. 자신의 목표를 고수하려면 성장의 증거가 필요했기 때문이다.

동료들을 변화의 공모자로 규합하려면 먼저 선정 기준을 명확히 해야 한다. 기꺼이 도움을 주고받을 수 있는 자, 일정을 잡을 때 정신적으로나 육체적으로 헌신할 것 같은 자, 자신만의 발전 목표에 매진하는 자와 같이 긍정적인 관점을 지닌 사람을 택하라. 선정 기준에 맞는 동료를 발견하면 그와 커피나 식사를 함께하며, 대화할 때 그 사람이 모든 주제를 자기 식대로 이야기하지는 않는지 주의 깊게 살펴라. 그런 사람은 필요 없다. 당신의 말에 진심으로 귀기울이고 자신의 고민과 꿈을 기꺼이 공유함으로써 당신에게 신뢰감을 주는 자를 찾아라. 본인의 것만이 아니라 모두의 성장에 관심을 쏟는 좋은 '청자'를 만나야 한다.

이렇게 했는데도 지지자들을 모을 수 없다면 D-존 공동체 사이트(http://outsmartyourbrain.com/discomfort-zone-coaching-community)를 방문해보자. 이 사이트에는 자신의 사례를 공유하고, 여러 질문에 나름의 답변을 올리며 스킬을 함께 연마하는 사람들의 리스트가 올라와 있으니 당신의 스킬을 계속 발전시킬 기회도 찾을 수 있을 것이다.

당신의 성과를 축하하라

—

D-존 대화의 연습을 시작하려면 원하는 바를 달성할 수 있다는 증거를 뇌에게 학습시키기 위해 달성 가능성이 높은 목표를 설정해야 한다. 변화가 요원하다고 느껴지면 당신의 뇌는 예전의 습관으로 되돌아갈 것이다. 향후에 발생할 수 있는 실망스런 상황과 불만에 대응하려면 기분 좋은 성취를 자주 경험할 필요가 있다.

변화하겠다고 결심한 순간부터 무엇을 성취하길 바라는지를 결정하고 그 목표를 세분하라. 그리고 격주 단위(매일이 아니다)로 얼마나 노력했고 얼마나 긍정적인 효과가 나타났는지를 판단하라. 어떻게 대화에 집중할 수 있을지, 또 어떻게 긍정적인 관심을 유지할 수 있을지와 같은 대화의 의도를 매일 아침 설정하라. 그런 다음 앞에서 설명한 DREAM 모델의 일부, 혹은 대화상에서 신뢰를 구축하는 방법을 연습하라.

퇴근 시간 무렵에는 하루 동안 발생한 일들에 초점을 맞춰라. 당신이 잘한 것들을 스스로 인정하고, 노트나 일기를 씀으로써 D-존 대화가 지속되어야 함을 증명하는 증거를 남겨라. 당신의 뇌가 스트레스 없이 성공할 수 있다는 것을 인지하려면 연습 초기에 그와 같은 일관적인 증거를 접해야 한다. 그래야 뇌가 고통을 회피하지 않고 목표에 집중할 것이기 때문이다.

어떤 행동이 긍정적인 것인지 반복적으로 인식하고 평가하면 현실을 직시하는 기회를 얻을 수 있다. 그렇게 하면 대화 초기에 당신이 실수로 '당신이 생각하기에 해야만 하는 것'을 상대에게 말했다 해도, 혹은 머릿속으로 상대의 이야기를 판단해버렸다 해도 당황하지 않을 것이다. 상대에게 충고를 하거나 그의 이야기를 판단하지 않고 반대로 그에게 호기심을 갖게 되면 자신의 비판을 무시할 수 있다. 대화를 하다 보면 오래 근속한 직원들이 동료들로부터 존중받지 못한다는 것 때문에 상처를 받거나, 직무를 옮기고자 해도 동료들의 평가가 두렵다는 것 때문에 고민한다는 등의 사실을 알게 된다. 설사 대화를 완벽하게 수행하지 못했더라도 당신이 대화에서 이런 사실을 발견했다면 스스로를 자랑스러워해도 된다. 당신의 노력을 긍정적으로 인정할수록 변화는 더 빠르게 자리 잡을 것이고, 지지자들까지 규합할 수 있다면 당신은 승리와 교훈을 그들과 함께 공유할 수 있게 된다.

매일 자신의 성취를 인식하는 일을 계속하면 변화는 비로소 궤도에 오를 것이다. 당신의 노력은 서서히 습관이 되고, 마침내 당신은 자연스럽게 타인의 말을 경청하고 일상적인 편안한 대화나 공식적인 대화에서 상대의 생각에 변화를 가하는 질문을 던지는 것이 가능해질 것이다.

리더십의 목적과 대화의 목표를 통합하라
—

정신분석의 아버지 중 하나인 알프레드 아들러Alfred Adler는 삶의 목적을 더 높고 더 큰 무언가에 둘 때 정신의 발전과 건강이 가능하다고 말했다. 그의 업적 전체를 가로지르는 핵심 메시지는 진실한 '공동체 의식'에 사회적인 관심을 가져야 한다는 것이다.* 당신의 일이 자신보다 더 큰 것의 일부라는 인식, 그리고 당신이 추구하는 변화를 서로 결부시킬 수 있다면 목표 달성을 위한 행동도 지속적으로 유지할 수 있다. 오드리 로드Audre Lorde라는 활동가는 "내가 강한 힘을 가지면, 그리고 그 힘을 비전 달성 활동에 사용한다면, 내가 두려운지 그렇지 않은지는 전혀 중요하지 않다."라고 말한 바 있다. 당신은 목표를 성취해가는 게 아니라 상대가 자신의 완전한 잠재력을 깨닫기 위해 그의 삶에 박힌 장애물을 걷어내도록 돕는 역할을 맡고 있다. 이것이 바로 당신이 명심해야 할 리더십의 목적이다.

목적을 인식하면 머리를 무질서하게 어지럽히는 부정적인 자기판단에서 벗어날 수 있다. 2장에서 언급했듯이, 상대의 잠재력을 믿고 그가 스스로 개선하고자 한다는 것을 믿어야 한다. 그리고 대화에 임하기 전에 감정적 의도를 설정해야 한다. 대화는 당신이 달성해야 할 목표가 아닌, 상대를 위해서 하는 것이다. 대화의 목적은 D-존을 활용하여 상대의 방어벽뿐만 아니라 신념, 방어 논리, 패턴이 그 사람의 발전을 어떻게 제한하는지를 알아내도록 돕는다. 당신은 상대가 혼자서는 할 수 없는 '돌파구 찾기'를 돕기 위해 대화를 하는 것이고, 이것이야말로 대화의 목표이자 당신이 줄 수 있는 가치다. 리더십의 목적이 이렇다는 점을 염두에 둔다면 '스킬을 연마하지 못해서'라는 핑계는 아무 소용이 없다.

요컨대, 개인적인 변화에 성공하려면 지지자들의 공동체를 찾고, 정

---

* Alfred Adler, *Social Interest: A Challenge to Mankind*, Oneworld Publications, 1998, pages 2~3.

기적으로 자신의 성공 증거를 기록하며, 리더십의 목적을 스스로에게 매번 상기시키자. 그래야 설사 변화의 과정이 정체된다 해도 변화의 여정에서 벗어나지 않을 수 있다.

조직의 변화

당신이 D-존 대화의 가치를 믿는다면 조직이 리더의 성장과 발전을 지원하도록 이것을 조직 전체에 확산시키고 싶어질 것이다. 실리언트 사의 비즈니스 설계 책임자인 메릴 앤더슨Merrill C. Anderson, 창조적 리더십 센터의 교수인 캔디스 프랑코벨지아Candice Frankovelgia와 지나 헤르네즈-브룸Gina Hernez-Broome은 코칭 기법을 활용하는 조직이 늘어나고 있는 추세를 발견했다.* 이 연구에 따르면, 대화를 통한 코칭이 조직문화화된 기업의 리더들은 이러한 코칭이 엄청난 성과 향상을 가져왔다고 믿는다. 조직에서 코칭의 문화를 구축하려면 많은 자원이 요구되는데, 앤더슨 등이 쓴 백서를 보면 코칭 문화 구축이라는 목표에 이르기 위해 거쳐야 할 단계들과 전략들이 자세히 언급돼 있다. 다음은 그것들 중에서 당신이 시작하는 데 도움이 될 만한 몇 가지 팁이다.

---

* White Paper, *Creating Coaching Cultures: What Business Leaders Expect and Strategies to Get There*, January 2009.

리더십 교육 프로그램에 포함시켜라

—

D-존 대화법 훈련을 현재의 리더십 및 역량 교육 프로그램에 추가할 수 있는지 살펴라. 이미 '코칭 스킬 훈련'과 같은 교육이 있을 수도 있지만, 이 책에서의 스킬들은 리더들이 흔히 접하지 못했던 '대화를 통한 코칭 방식'을 구체적으로 제시한다. 따라서 당신은 기존에 배웠던 것과 이 책에서 제시하는 방식이 어떻게 다른지를 설명해야 한다. 교육 담당자를 만나서 대화를 해보라. 당신에게 다른 사람들을 발전시키고 학습을 통해 도약하려는 열정이 있다면, 교육 담당자는 흥분까지는 아니어도 분명히 호기심을 느낄 것이다. 이 책에서 제시하는 기술들을 교육 담당자들과 멘토들에게 알려주려면 관련 사이트(http://outsmartyourbrain.com/discomfort-zone-training-support)의 내용을 참조하기 바란다.

가능한 한 고위급의 리더들을 끌어들여라. D-존 대화법을 배우는 임원 교육 과정에 그들을 참여시키면 좋을 것이다. 책의 개요를 학습하고 구체적인 사례들을 검토하면서 D-존 대화법의 유용함을 깨닫게 하라. 리더들은 호기심을 가지고 적극적으로 배우려 할 것이고, 자신의 리더십 스킬을 개발하려는 고위급 리더들은 '살아 있는' 롤모델이자 코칭의 적극적인 지지자가 될 것이다.

보통의 교육 프로그램처럼 이 프로그램 역시 교육 이후의 후속 활동들이 잘 실행되어야 이상적이라 말할 수 있다. 몇 가지 후속 활동들은 다음과 같다.

- 매월 한 번씩 각자의 성공 경험을 공유하고 또한 서로를 코칭하기 위해 직접 만나거나 전화상으로 토론하기(내부 커뮤니티 운영)
- 코칭 파트너와 함께 일대일로, 혹은 소그룹(서너 명)으로 스킬 연습하기
- 웹사이트에 보조자료를 정기적으로 업데이트하기
- 'D-존 이메일 그룹'을 만들어서 생각과 질문을 공유하기
- 6개월마다 한 번씩 온라인 회의나 후속 워크숍 개최하기

이런 후속 활동이 잘 이루어지고 많은 리더들이 D-존 대화법을 연마하기 시작하면 더 많은 리더들이 동참하여 성공을 경험하는 선순환이 일어날 것이다. '얼리 어답터'들이 자신의 성공을 비공식적으로 이야기하며 다니도록 독려하면 서로 도움을 주고받게 되어 조직 전체에 퍼질 수 있다. 만약 공식적으로 D-존 대화의 성공 사례를 발굴한다면, 가능한 한 여러 곳에 그 사례를 알려야 한다는 것을 명심하라.

고위급 임원을 확보하라
—

당신이 고위급 리더가 아니라면 누군가의 권위를 지렛대로 삼을 필요가 있다. 바람직한 리더십 행동을 조직에 정착시켜야 한다는 변화를 제안하려면 근거 데이터와 더불어 고위급 임원의 지지도 있어야 하기

때문이다. 지지자들 중에 임원이 포함되어 있으면 구성원들은 D-존 대화법을 무시하기 어려울 것이다. 임원들 중에서 관심에 얽매이지 않고 혁신적인 아이디어를 지지하는 자를 찾고, 비전과 데이터를 통해 그 사람의 마음을 사로잡아라.

당신이 지금껏 성취했던 결과를 데이터와 이야기를 통해 권유하라. 그리고 그 결과를 조직 전체에 확대하겠다는 당신의 비전을 펼쳐라. 리더십 스타일의 변화가 어떻게 승계계획과 열성 직원의 확보 및 보유에 긍정적인 영향을 끼치는지 설명하라. 그 임원이 따르겠다는 의지를 보이면, 그를 D-존 대화로 끌어들여 그 효과를 바로 경험하게 하라. 이때의 대화가 사업목표 달성에 도움이 된다면 D-존 대화법을 자연스레 모든 임원들에게 홍보할 수 있을 것이다.

만약 처음부터 임원 그룹에 접근하지 못한다면, 다음 해의 사업전략에 D-존 대화법 교육 프로그램을 연계시키는 방법을 찾아라. "코칭 문화를 구축하기 위한 계획은 단순한 교육훈련 계획보다 사업계획으로 여겨질 때 지속적인 투자와 경영자의 지원이 가능해진다."라고 메릴 앤더슨은 말했다.* 문화를 변화시키는 것은 일회성 이벤트가 아님을 기억하라. 문화의 변화는 인간의 능력을 가속화시키는 전략으로 묶어야 할 장기적인 프로세스다.

조직의 변화를 지지하려면 개인의 변화와 마찬가지로 고집스러움과

---

* Merrill Anderson. *Bottom-Line Organization Development.* Butterworth-Heinemann, 2003. Center for Creative Leadership(CCL) White Paper, *Creating Coaching Cultures: What Business Leaders Expect and Strategies to Get There.* January 2009.

용기가 있어야 한다. 이 책에서 제시한 여러 사례에서 보듯이, 그에 따른 보상은 투자할 만한 가치가 있다. D-존은 마법이 일어나는 곳이다.

CHAPTER 7

핵심포인트

1. 리더십 스타일의 변화를 지속시키려면 개인적 저항과 조직적 저항 모두를 이겨내야 한다.

2. D-존 대화는 처음에 어색한 느낌을 준다. 이러한 어색함은 뇌를 다시 배선한다는 증거다. 성장을 촉진시키려면 잘 알지 못하는 미스터리의 땅으로 자신을 이끌어라.

3. 긍정적인 의미의 '음모'를 함께 모색하라. 혼자 하려 할 때보다 함께 연습하고 생각을 교환하고 성공 사례를 공유하는 지지자들이 있을 때 성공하기가 훨씬 쉽다.

4. 정기적으로 당신의 성공 증거를 기록하고 리더십의 목적을 자신에게 상기시켜라.

5. D-존 대화법을 조직 전체로 확산시키고자 한다면, 이 대화법 교육 프로그램을 사업전략과 승계계획에 연관시켜라. 그런 뒤 그 프로그램을 기존의 리더십 교육 프로그램에 통합시켜라. 이러한 계획을 추진하려면 고위급 리더의 지지를 확보해야 한다. 이에 따른 보상은 투자할 만한 가치가 충분하다.

감사의 글

나는 지금까지 동료들과 작업을 함께할 수 있었다는 데 항상 감사하고 있다. 혹 여기에 호명되지 않은 분이 있다 해도 나를 도와준 것에 대해 고마움을 느끼지 않는 것은 아니란 말을 하고 싶다. 많은 분들의 도움을 받았다는 것은 정말 행운이 아닐 수 없다.

나는 편집자인 닐 말레Neal Mallet에게 빚을 졌다. 닐은 내 아이디어의 핵심을 경청해주었고 내가 일관성 있게 글을 쓰도록 안내했다. 그의 지혜로움 덕분에 나는 초점을 명확히 할 수 있었다. 그의 피드백은 항상 옳았다. 그는 자신의 생각을 언제든 공유하는 용기를 지닌 사람이다.

나는 내가 속한 글로벌 코칭 커뮤니티의 여러 동료들에게 깊은 경의를 표한다. 피라미드 리소스 그룹의 대표인 D. J. 미치는 헬스케어 코칭 연구소를 창립할 만큼 혜안과 용기를 지닌 사람이며 나를 교육담당 이사로 지목했다. 교육 프로그램을 설계하면서 얻은 경험 덕에 나는 내가 가진 여러 스킬들을 글로 옮기는 것은 물론 이 책의 집필까지 할 수 있었다. 코칭업체 해리엇 사이먼 샐린저Harriet Simon Salinger는 내 방법론의 핵심과 정신이 온전히 유지되도록 해주었다. 이런 경험이 없었다면 이 책은 존재하지 못했을 것이다.

조란 토도로빅Zoran Todorovic은 TNM 코칭TNM Coaching의 대표로서 내 코칭 방법론이 세계적으로 실현되도록 수많은 가능성을 열어주었고, 내게 세계의 변화를 목표로 한 코치 공동체의 일원이 되도록 해주었다. 나는 TNM팀이 원한다면 언제든지 만나서 아이디어를 나눌 준비가 되어 있다.

나의 열렬한 지지자인 비키 설리번Vickie Sullivan은 언제나 든든한 지원군이다. 내게 핵심 메시지를 알려준 헤일리 포스터Hayley Foster에게 감사한다. 또한 릴리 수 브랜트Lili Xu Brandt, 스베틀라나 츠마코바Svetlana Chumakova, 토니 코흐Toni Koch, 린다 룬덴Linda Lunden, 셰리 킬리언Sherry Killian, 폴 잔츠이Paul Jantzi, 이브 클라크Eve Clark, 웬디 화이트Wendy White, 데네체 맥켈비Dennece McKelvy, 메건 맥코이Megan McCoy에게 감사드린다. 또한 수년간 나와 함께해온 의뢰인들에게도 감사한다. 이 책은 여러분에게서 배운 내용으로 만들어졌다.

무엇보다 나는 나의 인생 반려자인 칼 슈넬Karl Schnell에게 진심으로 감사한다. 그는 내가 수천 마일 떨어진 곳을 정신없이 돌아다니는 동안에도 전폭적으로 나를 지지해주고, 내가 돌아온 후에는 내게 글 쓸 여유시간을 선사한다. 그는 내 위대한 선생님이다. 칼 덕택에 나는 모든 것들에 깊이 감사한다.

저자 소개

마샤 레이놀즈Marcia Reynolds는 능력 있는 리더를 양성하려는 전 세계 기업들에게 의사소통과 혁신을 막는 조직문화가 무엇이고, 직원들과 함께 더 나은 성과를 창출하는 데 필요한 것은 무엇인지 코칭하고 있다. 그녀는 지금껏 여러 리더들에게 리더십을 코칭해왔고 여러 코칭 클래스를 개설했으며 34개국에서 개최된 콘퍼런스에 연사로 참여했다. 기업 교육과 역량 계발 분야에서 30년 이상 경력을 쌓은 그녀는 임원 대상의 코치로서 20년 넘게 활동 중이다.

마샤의 가장 뛰어난 성과는 파산 직전에 몰린 반도체 회사의 직원들을 대상으로 교육 프로그램을 진행한 것이었다. 그녀는 회사의 임원들과 함께 리더십 커뮤니케이션 향상에 초점을 맞추었고 조직의 핵심이 되도록 다기능팀에게 권한을 대폭 이양하는 데 힘썼다. 그 결과 회사 상황은 호전되었고 1993년에 실시된 기업공개IPO는 그해 미국에서 이루어진 가장 성공적인 사례로 기록됐다.

마샤의 전작인 『당신의 뇌보다 뛰어나라Outsmart Your Brain』와 『헤매는 여성『Wander Woman: How High Achieving Women Find Contentment and Direction』의 내용은 「하버드 비즈니스 리뷰Harvard Business Review」 「임플로이먼트 릴레이션 투데이Employment Relations Today」, 포브스닷컴forbes.com, CNN, 「사이콜로지 투데이Psychology Today」 등의 매체는 물론 유럽과 아시아의 여러 비즈니스 매체에 실렸고, 그녀는 'ABC 월드뉴스ABC World News'에 출연하기도 했다.

개인과 임원들을 위한 코치로 활동하고 있는 마샤는 뛰어난 능력을 보이는 리더들을 '기술적으로' 코치해달라는 요청을 자주 받고 있지만 그녀는 리더들의 대인관계 역량 계발에 초점을 맞추고 있다. 마샤의 코칭을 받은 의뢰인들은 팀원들과의 관계에서 진전을 보일 뿐 아니라 동료들과 고위 리더들에게도 영향력을 발휘하고 있다.

마샤는 세계적인 코치 단체 구축에 있어 진정한 개척자 중 하나다. 그녀는 국제코치연합의 5대 회장이었고, 마스터 수준의 코치 자격을 최초로 취득한 25명 중 한 명이기도 하다. 헬스케어 코칭 연구소의 교육 담당 이사이자 코치 스쿨 연합The Association Coach Training Schools 이사회의 멤버기도 한 그녀는 러시아와 중국에서 코칭 스쿨이 발족하는 데 기여했고, 현재 전 세계를 돌아다니며 코칭에 관한 강연을 지속하고 있다.

마샤는 조직 내 고성취자들에게 초점을 맞춘 연구로 조직심리학 박사학위를 취득했으며, 교육과 커뮤니케이션 부문 각각의 석사학위도 보유하고 있다.

여가시간에 그녀는 자택이 있는 애리조나에서 산악 하이킹을 즐긴다. 마샤에 대한 더 많은 정보를 알고 싶다면 다음의 사이트를 방문하기 바란다. www.outsmartyourbrain.com

불편한 질문이 모두를 살린다: 디-존

초판 인쇄	2017년 2월 15일
초판 발행	2017년 2월 22일

지은이	마샤 레이놀즈
옮긴이	유정식
펴낸이	김승욱
편집	김승관 장윤정 한지완
디자인	강혜림 이주영
마케팅	이연실 이숙재 정현민
홍보	김희숙 김상만 이천희
제작	강신은 김동욱 임현식

펴낸곳	이콘출판(주)
출판등록	2003년 3월 12일 제406-2003-059호

주소	10881 경기도 파주시 회동길 210
전자우편	book@econbook.com
전화	031-955-7979
팩스	031-955-8855

ISBN	978-89-97453-78-8 03320

＊이 도서의 국립중앙도서관 출판예정도서목록(CIP)은 서지정보유통지원시스템
홈페이지(http://seoji.nl.go.kr)와 국가자료공동목록시스템(http://www.nl.go.kr/kolisnet)에서
이용하실 수 있습니다. (CIP제어번호: CIP2016030392)